いますぐ使いたい人のための

式辞・挨拶を初めてやる人の本

監修
アナウンサー
スピーチ・ボイスデザイナー
魚住りえ

はじめに

私が現在活用している「魚住式スピーチメソッド」を立ち上げたのは、今から10年ほど前にさかのぼります。

それまでテレビやラジオやナレーションで、観てくださる方や聴いていただいている方に喜んでもらうことを中心に活動をしてきましたが、もう少し社会的な活動の幅を広げたいと思うようになっていました。「そのために自分にできることは何だろう?」と考え、やはり私にできることは、アナウンサーとして培った音声表現のテクニックを使ったものを伝えることだという結論に達したのが、このころだったのです。

「魚住式スピーチメソッド」がめざすのは、単にきれいな話し方を身につけることではありません。説得力のあるプレゼンや営業成績の向上につながる「伝える技術」を身につけていただくことを目標にしています。

このメソッドのスタートは、私自身が以前から経験を通して感じていたことでした。アナウンサーとして仕事をする中で、ナレーションなど、プロの書いた原稿を声に出して読んで伝えるという作業を集中して続けたあとは必ず〝しゃべりやすさ〟を感じていたのです。滑舌がいつも以上によくなるのはもちろんのこと、言葉がよどみなく出てくるのです。ですがこの「しゃべりやすさ」について言及しているスピーチトレーナーは、誰もいませんでした。そこで、この点を出発点として作り上げたのが「魚住式スピーチメソッド」だったのです。

「魚住式スピーチメソッド」では、その第一歩として、腹式呼吸をすることによって〝過度の緊張〟を〝適度な緊張〟に置き換えることをお教えしています。緊張することで思ったように話せないことは確かにありますが、緊張をすべて解いてしまうと今度は気が緩んでしまい、逆に失敗してしまうことも少なくありません。いい塩梅の緊張感にもっていくことが大事なのです。そしてそのためには、腹式呼吸がとても役に立つのです。そうした点については、本書でも説明をしています。

式辞やスピーチは、冠婚葬祭をはじめとして人生のさまざまな場面で必要となるものですが、政治家のようなごく一部の職業の人をのぞくと、「いつもやっているから慣れている」という人は決して多くはありません。しかも突然依頼されることも多いため、いざ自分がやることになったときには、どうしたらいいのかわからないという人も少なくないでしょう。

そうした人にとっては、式辞やスピーチのポイントや注意点をたくさんの文例とともに紹介している本書は、大きな力になってくれる1冊です。

上手なスピーチは場を盛り上げ、多くの人の心に届きます。本書を手に、そうしたスピーチを目指してみてください。

魚住りえ

アナウンサー

スピーチ・ボイスデザイナー

目次

第3章 プライベートな催しでの挨拶

第4章 会社関係での挨拶

本書の使い方

この本では、「結婚披露宴」「プライベートな催し」「会社関係」「弔事・法要」のシーンで使えるさまざまな場面、立場、目的での挨拶を紹介しています。基本となる挨拶例文とともに、話すときの注意点、言葉の言い換え例、応用して使える文章などをもりこみ、挨拶をする際の立場や相手が変わっても、簡単に対応できるようになっています。

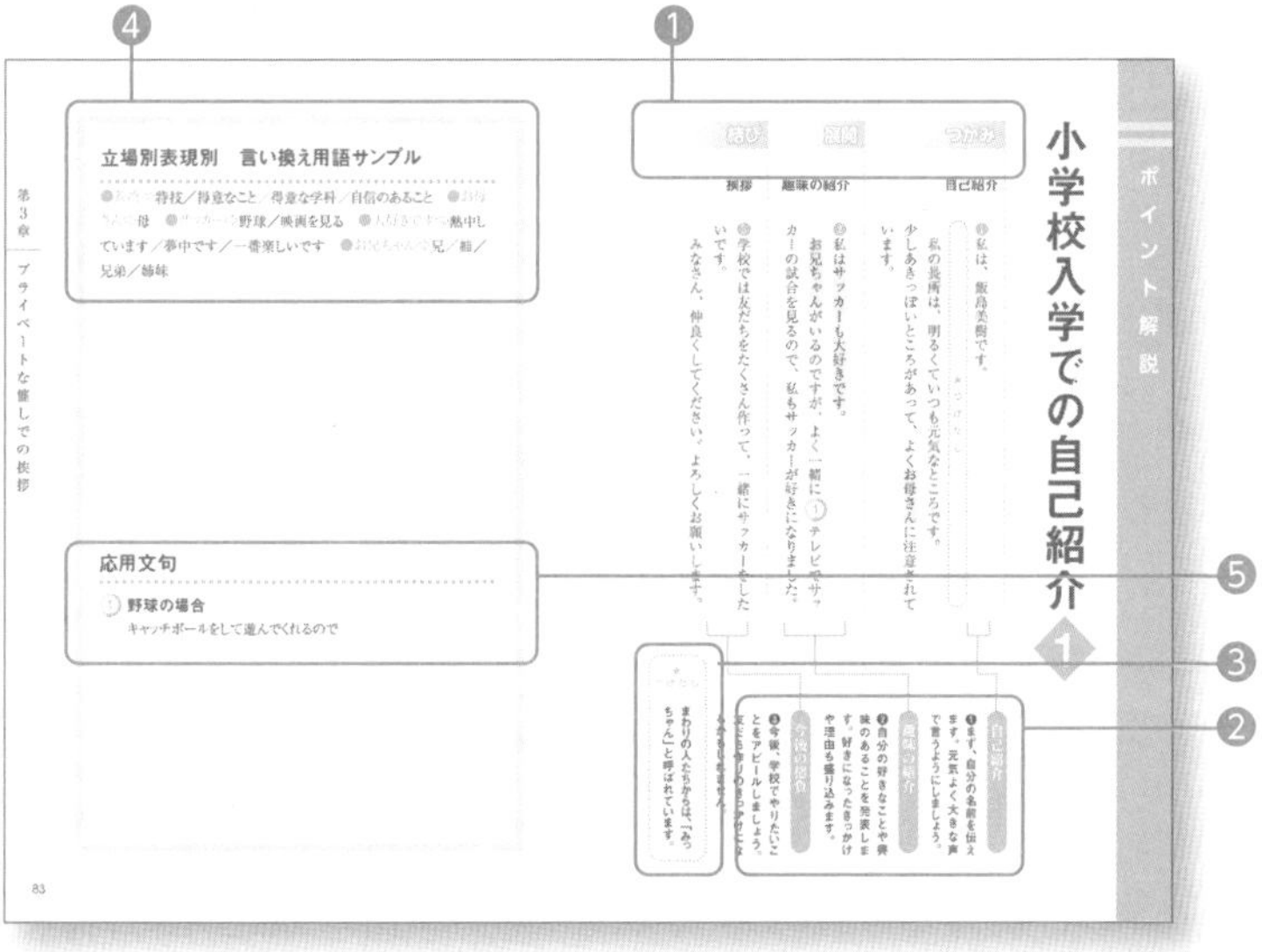

❶つかみ・展開・結び

挨拶例文の構成と、それぞれの中心となる内容の紹介です。つかみ（起）、展開（承・転）、結び（結）で構成しています。

❷ポイント

挨拶をするときの内容や話し方の注意点、基本的なマナーなどを紹介します。

❸つけたし

挨拶をする人の立場や場面に応じて、例文につけたして使用できる文章です。

❹言い換え用語サンプル

挨拶をする人や聞き手の立場、挨拶の目的など実際の状況 に合わせて言い換えることができる言葉を紹介しています。

❺応用文句

挨拶をする人や聞き手の立場、会の雰囲気などに応じて、言い換えて使える表現を紹介しています。

第1章

話し上手になるコツ

「上手な話し方」とは

「上手に話す」ということは、特別むずかしいものでも、特殊な才能を必要とするものでもありません。

しかし「いざとなると、どうもうまく話せない」という人が多くいるものです。

上手に話すためには、「習うよりは慣れろ」です。

目標をもって、話す練習をするようにしましょう。

活気のある話し方で

内容に自信をもって、いきいきと話しましょう。聞きとりにくい、意味が分かりにくい話し方では、相手に聞いてもらうことができません。

また、「えー」「そのー」などを連発する話し方は、聞き手に歯がゆさを与えてしまいます。

テーマを決める

話の要点をはっきりさせることが大切です。

要点が漠然としていては、何の目的で、何について話したいのかが、相手に伝わりません。

同じ話をくり返さない

同じことをくり返し話すと、話の最も重要な点がぼやけてしまいます。
大切な点を念のためにくり返すのはよいですが、
意味もなく同じことをくり返すのはいけません。

誠意をもって話す

誠意のない話には、聞き手も興味をもちません。

相手に理解・共感してもらえるように、誠意をこめて話すことが大切です。

誠意のあまり、相手のことを考えず一方的にペラペラしゃべりつづけることのないように注意しましょう。

「結論」「理由」「具体例」「もう一度結論」の順で話す

話は、順序をよく考えて伝えなくてはいけません。支離滅裂な話し方は、
せっかくのよい話もつまらないものになってしまうかもしれません。

愚痴や自慢話は避ける

相手に同情させるために愚痴を並べた話は、逆に相手に嫌な思いをさせる可能性があります。

また、自慢話も聞く人に反感をもたれるリスクがあります。

意味が正確に伝わる言葉で

意味のちがう言葉の使い方や、まちがった発音をしないようにします。外国語や流行語は、相手に意味が通じない場合がありますから、使う際には注意するようにしましょう。

正しい言葉づかいで話す

年配の人、先輩、女性、など、話す相手に応じた適切な言葉づかいを心がけます。友人と話す調子ではいけませんが、敬語を使おうとして何にでも「お」「ご」をつけたり、必要以上に丁寧な言葉づかいをしたりすると、場をしらけさせてしまいます。丁寧にわかりやすく、なるべく言葉を省略しないように心がければ、自然に言葉づかいも正しくなります。

服装・態度を礼儀正しく

人前で話すときは、服装や態度にも礼儀を失ってはなりません。話しながら貧乏ゆすりをしたり、キョロキョロとあたりを眺めたり、携帯電話をいじったりするのは、熱意と注意力のないしるしです。相手の顔を見ないで話すのはいけませんが、ジッと見つめて話すと相手がたじろいでしまうことも。相手の鼻のあたりに視線をやるか、顔全体をやさしく見る感じで、ときどき目を見る程度にして話すようにしましょう。「目は口ほどにものを言う」といいます。時と話題に応じて、ここぞというところで相手の目を見るくらいがよいでしょう。

自分らしい話し方を

話をするとき、他の人と同じようによい話をしようと背のびをする必要はありません。自分らしい、個性に合った話し方をすることが、いちばん理想的といえます。結局は話し方も十人十色で、すべての人に共通な型があるわけではないといえます。何度も人前で話す経験を積むうちに、「自分らしい話し方」ができ上ってきます。

相手の心を動かす話し方

「人を動かす」というのは、自分の考えを相手に説いて納得させたりすることです。
ある目的をもって相手の心を動かそうとしても、
ただ順序を追って話しただけでは、なかなか興味をもたせることができません。
そこに話の技術が必要になってくるのです。

要点を先に話し、枝葉末節は後まわしにする

話の要点を、まずはっきりと伝えることが大切です。

実際のできごとから例をあげて話す

自分が体験したできごとはもちろん、最新のニュースや社会問題などについても
日ごろからよく調べておきましょう。

場にふさわしい具体的な言葉を選んで用いる

例えば、商品について「これは2級品です」と言われたら買う気が起きませんが、「訳アリ品でお得ですよ」と言われれば買おうという気にもなるものです。

相手を不快な気持ちにさせない

用件をだらだらと話すだけでは、相手を退屈させてしまいます。
また、伝えたい気持ちが強すぎて相手に失礼な態度にならないよう気をつけます。

時にはユーモアを交えて話す

聞き手を飽きさせないよう、話に変化をつけましょう。
口調を変えたり、身ぶり手ぶりを交えたりして話すのも効果的です。

論争しない

話の中で相手と議論になりそうなときは、
まず相手の言葉を「なるほど」「そうですね」などと肯定します。
反論するときは否定の言葉を使わず、例などをあげながら自分の意見や気持ちを伝えましょう。

積極的な態度で話す

人を動かすには、信念と情熱をもって、心を込めて説得しましょう。
これが相手の心を決意させることにもなります。

「あがりすぎない」ためのコツ

広い会場で大勢の人を前にすると、極端にあがってしまって、話したいことが満足に話せない、という経験がある人も多いでしょう。「あがる」のは、決して悪いことではありません。完全にリラックスしてしまうと気がゆるんで、かえって失敗する場合があります。緊張とリラックスのバランスが大切なのです。

話す前に腹式呼吸をすると、心を落ち着けることができます。

鼻からゆっくりと息を吸いこみます。
このときに両手を下腹にあてて、おなかを前にせり出すようにして息を吸いましょう。
この腹式呼吸をすることで、心が落ち着いてきます。

両手を下腹にあてておなかをへこませながら、
唇の間からフーッと息をできるだけゆっくり吐き出します。
このとき、腹筋を使ったり、おなかを手で思い切りへこませながら、息を吐ききります。

この腹式呼吸は、副交感神経を優位にさせて緊張をやわらげる効果があるので、
何回かくり返すと、胸のドキドキがおさえられて落ちつきを取りもどし、
良いバランスで〝緊張〟と〝リラックス〟を保てます。

「話のテーマ」の選び方

話のテーマは、その会の目的や性格に合ったものを選びましょう。どんな集まりにもあてはまるテーマというものはありません。その場に適したテーマであることが、第一の条件です。

人前で話をするときは、自分の興味も大切ですが、集まっている人の興味をひくテーマや内容にしなくてはなりません。相手が興味をもってくれれば、話すほうも自信がわいてきて、いくらでも話せるようになっていくものです。

そして、話すテーマについての知識は深く広くもっていなければなりません。知識がなく確信のないテーマについて話すことは避けましょう。自信のある話題で、しかも相手にも興味のあるものを選び、聞き手に興味をもたせるように組み立てて話すことです。

お釈迦さまは「人を見て法を説け」と言っています。機知とユーモアのある短いスピーチが望まれる宴会などで、理屈っぽい長話をしたら、どんなに嫌がられることでしょう。丸い器に四角なものを詰めこもうとしても無理な話です。その席上にピッタリと合う、相手にピンと響くテーマを選ぶことが、なによりも大切なことなのです。

原稿のまとめ方

挨拶やスピーチは、その場で考えをまとめて話せばよいように思われますが、けっしてそんな簡単なものではありません。

突然にその場で指名された場合は別として、前もって挨拶を依頼されている場合や、指名されそうな場合には、あらかじめ話す内容をまとめておきましょう。

まず、話す時間はどれくらいかを考えます。結婚披露宴などでは、媒酌人や主賓などは別として、友人、先輩、同僚、親戚などの挨拶は、一般的に3分間ぐらいが理想的です。長くても5分以内にまとめましょう。あまり長い話は聞き手を退屈にさせるばかりでなく、次に話す人の時間を奪うことになりかねません。新年会などの宴会でも、酒や肴を前にしての長話は嫌がられます。

話す内容が決まったら、必ず原稿にまとめましょう。

原稿を書くときには、まずタイトルを考えたり、テーマをひと言で表したりしてみましょう。そして自分の考えを順序立てて箇条書きにしてから、それをふくらませていくようにします。話の中心を定め、その前に自己紹介などの序論を入れ、後ろには結論的な言葉を入れます。できるだけやさしい言葉を使い、専門用語やむずかしい熟語、同音の言葉を避け、こみいった話にならないように気をつけます。

スピーチは1分間に300字前後が適当とされていますから、3分間なら900字くらいです。5分間で1500字ほどとなります。

原稿ができあがったら、必ず声に出して練習をしておきましょう。

第2章

結婚披露宴の挨拶

結婚披露宴の挨拶について

あらたまった場で式辞や挨拶をする機会がもっとも多いのは、結婚式や結婚披露宴など、結婚に関する諸行事の席上ではないでしょうか。

結婚披露宴は、新郎新婦、または双方の両親が招待者となって、職場の上司や先輩・恩人・友人・親戚などを招き、新夫婦の結婚を披露するために開く宴会です。

この披露宴は、結婚式のすぐあとで行っても、式後別の日に行ってもよいのですが、式にひきつづき結婚式を挙げた式場の宴会場で開く場合が多いようです。

結婚披露宴で、もっとも重要な役割を果たすのが、媒酌人・来賓・本人または両親などの挨拶です。

媒酌人や主賓の挨拶は、新郎新婦の経歴の紹介や、結婚するにいたった経緯など、型を踏まえた報告も必要です。新郎新婦を紹介する際には、名前や学歴をまちがえないために、メモを用意してもよいでしょう。

挨拶は手短にすませるように注意しましょう。

媒酌人や主賓の挨拶は5～7分、そのほかの場合は2～5分ぐらいが適当な時間です。できるだけ短く、それでいて紋切り型にならないように話すことが大切です。

忌み言葉

結婚などのおめでたい席上では、不吉な意味を連想させるような言葉は使わないようにするのが礼儀です。

つぎのような言葉は「忌み言葉」とされています。結婚披露宴で祝辞や挨拶をするときには、使うことを避けた方がよいでしょう。

○別れる	○切れる	○終わる	○割る
○離れる	○嫌う	○あきる	○冷える
○死ぬ	○病む	○こわれる	○流れる
○返す	○涙	○再び	○重ね重ね
○またまた	○返す返す	…など	

また、数字の「四」は「し」と言わずに「よん」などと言い、「閉会」は「おひらき」と言い換えます。

披露宴の流れ

結婚披露宴での挨拶の順序は、一般的には次のようになっています。

司会者の開宴の挨拶

全員が席に着いたところで、司会者が開宴の挨拶を行い、媒酌人を紹介します。

媒酌人の挨拶

媒酌人は、新郎新婦とともに起立して、新夫婦を紹介します。

来賓の祝辞（新郎側の主賓）

司会者の紹介によって、新郎側の主賓が祝辞を行います。

来賓の祝辞（新婦側の主賓）

同様に、司会者の紹介によって、新婦側の主賓が祝辞を行います。

ウェディングケーキ入刀

新郎新婦が一緒にウェディングケーキにナイフを入れます。

乾杯（全員）

司会者が新郎側の主賓に頼んで音頭をとってもらい、全員で乾杯します。新郎側の来賓のなかに主賓に匹敵する、社会的地位の高い人などがいたら、その人に音頭をとってもらうこともあります。

歓談

食事中に来賓の祝辞をはさむこともあります。

お色直し

新郎新婦が一度会場を抜け、婚礼衣装を着替えて再入場します。

祝電の披露

祝電があれば、司会者がそれを読みあげます。

来賓の祝辞

新郎新婦の職場の上司・先輩・恩師・友人など、司会者の指名によって、順に祝辞を行います。

新婦の手紙朗読

新婦が両親に向けて書いた手紙を朗読します。花束や記念品の贈呈が行われることも多いです。

両家代表および新郎の謝辞

両家を代表して披露宴の招待状の差出人（両家連名の場合は新郎の父）、続いて新郎が感謝の挨拶をします。

司会者のおひらきの挨拶

司会者がおひらきの挨拶をします。「閉宴」「閉会」などという言葉は、忌み言葉になっているので注意しましょう。

一般的な媒酌人の挨拶 1

つかみ

挙式の報告

❶このたびの東山・西岡ご両家のご慶事につきましては、かねてからご両家と懇意にしていただいておりましたご縁によりまして、媒酌の大役を務めさせていただく光栄を担いましたので、一言、ご挨拶をさせていただきます。

★つけたし

❷新郎雄一君と新婦由美さんは、本日午後三時より、当ホテルの式場におきまして、おごそかにご結婚の式をあげられ、めでたく夫婦の契りを結ばれました。ここに、謹んでご報告申しあげますとともに、みなさまとともに心からお喜びを申しあげたいと存じます。

展開

新郎新婦の紹介

❸お二人のご経歴やお人柄につきましては、みなさまにはもう、よくご存じのことと存じますが、慣例にしたがいまして、ご紹介させていただきます。

自己紹介

❶まず、今日の結婚式に自分が媒酌人を務めたことを伝えます。媒酌人の立場は、親の友人・知人、会社の上司、恩師などさまざまなので、立場を上手にいかして、もっとも効果的な挨拶を演出しましょう。

挙式の報告

❷結婚式がとどこおりなくとり行われたことを報告します。

新郎の雄一君は、東山正二郎氏のご長男で、M大学理工学部をご卒業ののち、T電機株式会社に入社されました。①現在は同社研究室の一員として、重要な役割を果たしておられます。

学生時代には、ラグビーの選手でもあり、水泳やスキーなどのスポーツも得意であったというだけありまして、ごらんのとおり頑健そのものの体格をしておりますが、その反面、文芸や音楽にも親しみ、休日には、クラシック音楽を聴くのを最上の楽しみとするというご趣味ももっておられます。

新婦由美さんは、西岡春信氏の三女としてお生まれになり、A大学文学部を卒業され、②現在S高等学校の教師を務めておられます。

生徒の信望もきわめて厚く、学校側からも強い要望もございましたうえに、お二人の意見も完全に一致いたしまして、結婚後もひきつづき、同校の教師をつづけられることになっております。

④新郎同様、文芸、音楽に親しみ、テニス、水泳、スキーなどのスポーツにも堪能という、まことに趣味の豊かな女性でいらっしゃいます。

新郎新婦の紹介

❸新郎新婦の略歴や人柄を紹介します。名前や学歴などをまちがえないように注意します。必要ならばメモを用意しましょう。

エピソード

❹新郎新婦のなれそめなどは、友人たちの方がよく知っていますので、そちらに話題をゆずります。

★つけたし

じつは、今日までの労をおとりくださいましたのは、ここにご臨席くださっている○○様ご夫妻でございます。

⑤お二人は、その優れた才能や高い教養という点からみましても、洗練された趣味や豊かな情操という点からみましても、その他あらゆる点から申しまして、これほどお似合いのご夫婦も少なく、またとないご良縁だと存ずる次第でございます。とは申しましても、お二人はまだ年も若く、人生経験も浅いことでございますので、今後新家庭を築き、人間的成長をとげて、ご両親のご希望とみなさまのご期待に添いますためには、なにかとみなさまのご指導ご鞭撻を仰がねばならぬと存じます。

祝福と励まし

❺新夫婦の将来に対する期待を伝えます。

結び

感謝と励まし

⑥なにとぞ末永くご庇護をたまわりますよう、新郎新婦に代わってお願い申しあげます。

支援のお願い

❻参会者に対し、新郎新婦への支援のお願いを伝えます。

⑦本日は、ご多忙にもかかわらず、多数ご参会くださいまして、まことにありがとうございました。粗酒・粗肴ではございますが、新郎新婦の前途を祝して、十分ご歓談くださいますようにお願いいたしまして、私のご挨拶とさせていただきます。

お礼

❼参会者に、参会してくれたことへの感謝の意を伝えます。そして不行き届きの点を詫び、歓談をお願いして、着席します。

※ 実際の状況等に合わせて言い換える語句

立場別表現別　言い換え用語サンプル

●ホテル ⇨ 会館／神社／ホール　●同社研究室 ⇨ 同社営業職／同社経理部　●学生時代には⇨ 大学時には／幼い頃より　●ラグビーの選手 ⇨ バンドのボーカル／ボランティア活動のリーダー　●水泳やスキー ⇨ ギターやピアノ／高齢者や障害児　●スポーツ… ⇨ 楽器演奏／福祉活動　●得意 ⇨ お手のもの／積極的　●頑健そのものの体格 ⇨ スタイリッシュな姿／生真面目な風貌●文芸や音楽 ⇨ 書道や茶道／柔道や空手　●自分で…を聴く ⇨ 同好の仲間と集う／所属する道場へ通う　●最上の ⇨ とても／もっとも／いちばんの　●生徒 ⇨ 同僚／顧客　●学校側 ⇨ 会社／職場／お客様　●同校の教師 ⇨ 仕事／勤務　●文芸、音楽 ⇨ 自然／スポーツ　●テニス、水泳… ⇨ 源氏物語、枕草子／Webサイト、フェイスブック　●スポーツ ⇨ 古典文学／ITスキル　●ご庇護 ⇨ 応援／ご支援　●ご多忙 ⇨忙中　●粗酒・粗肴 ⇨ 粗酒粗餐［そしゅそさん］●前途 ⇨ （輝かしい）未来／将来

応用文句

① 営業職の場合

営業部に勤務されていますが、今年からは
係長に昇格し、若手のリーダーとして

② 結婚のために退職した場合

教師を務めていらっしゃいましたが、この
ほどご結婚を機に退職されました。

一般的な媒酌人の挨拶 2

つかみ

みなさま。本日は、ご多忙中にもかかわらず、ご光来くださいまして、まことにありがとうございます。

みなさまもすでにご承知のとおり、秋田政樹君と春山美希さんは、かねてから婚約中でございましたが、本日、当ホテルの結婚式場におきまして、めでたく結婚の儀をあげられました。

ここに、媒酌人といたしまして、謹んでご報告申しあげますとともに、みなさまとご一緒に心からの祝意を表したいと存じます。

展開

秋田君は、みなさまもよくご存じのようにS大学を卒業後A新聞社に入社、現在は同社の社会部記者として活躍しておられますが、そのかたわら、もって生まれた文才を生かして、脚本の勉強をつづけ、すでに四、五篇を発表して非常に好評を博しまして、シナリオライターとしてその将来の大成を期待されているのであります。

一方、美希さんは、M大学を卒業後H株式会社に入社、現在は総務部に勤務しておられます。料理の腕前はプロ顔負け、ピアノの演奏も上手という、きわめて多彩な趣味をもつ女性でいらっしゃいます。

媒酌人の挨拶は、結婚披露宴のトップを飾る重要な役目です。その出来、不出来によって、結婚披露宴そのものの印象を左右することもあるので、媒酌人としてはけっしておろそかにはできません。

結び

このように優れた才能をもち、豊かな教養を身につけたお二人は、過去三年あまりの交際を通してお互いに理解と愛情を深め、お互いに、「私たちの終生の伴侶は、この人をおいてほかにはない」との認識に達して、結婚を決意されたのです。

菊花薫る今日のこのよき日、ご両家のご両親をはじめ、ご家族、ご親戚の方々の前で、夫婦の誓いをたてられたお二人は、必ずや、みなさまのご期待に添いうるような立派な家庭を築きあげていってくれるものと確信いたします。

みなさまにおかれましても、どうか、温かいご理解をもちまして、今後とも変わらぬご指導ご鞭撻をたまわりますよう、お願い申しあげる次第でございます。

挨拶は、長すぎると場がだらけてしまいますが、あまり短くてもいけません。明るい口調ではっきりと、形式的な中にも、思いやりをこめた優しい言葉づかいで、聞き手をリラックスさせましょう。

新郎の上司の祝辞

つかみ

祝福と自己紹介

❶はなはだ僭越ではございますが、ご指名によりまして、一言、お喜びのご挨拶を申しあげます。

★つけたし

❷ただいま、山下俊也君と川田真衣さんのご婚儀が、本日めでたくとり行なわれましたことを承りまして、私ども、俊也君と職場をともにいたしますものとしましても、このうえの喜びはございません。

まして、今日までお二人を手塩にかけてお育てになられましたご両家ご両親のお喜びは、言葉にも尽くせぬものであろうと、子を持つ親のひとりといたしまして、私にも十分お察しできるのでございます。ここに、あらためてお祝いの言葉を申しあげます。

展開

❸新郎俊也君は、私どもの会社の研究室の一員として重要な

祝福

❶参会者一同に対し、司会者の指名によって、挨拶を行う旨を伝えます。
冒頭の「僭越ではございますが」という言葉は、「みなさんより先に挨拶を述べるのは、まことに恐縮ですが」という意味で、主に主賓が使います。

❷新郎新婦や両家の両親に対してお祝いの言葉を伝えます。

研究に従事しておりまして、これまであげられました数々の業績から申しまして、私どもも大いに将来を期待しております。

❹また、新婦真衣さんには、お会いしたときの印象から、「この人なら、きっと俊也君の仕事も理解し、俊也君の成長を助けてくれるにちがいない」と確信し、❺お二人の結婚を心から祝福しておりました。

❻このお二人には、いまさらなにも申しあげるまでもないと存じますが、あえて、はなむけの言葉をお贈りするとすれば、①「夫婦は、人生の二人三脚だ」ということです。

今日、神前において、お互いを終生変わらず妻と呼び、夫と呼ぶことを誓われたその瞬間から、お二人は「人生の二人三脚」のスタートを切られたわけです。

お互いの片脚をしっかり結びあい、肩に手をかけあって走る二人三脚は、呼吸さえ合えば、きわめて楽な競技であります。しかし、お互いの呼吸や歩調が合わないと、たちまち足もとがもつれてよろめいたり、転んだりすることになります。「愛と信頼」で、お互いの脚をしっかりと結びあわされたお

エピソード

❸会社や製品のコマーシャルめいた内容は話さないようにします。

❹新郎、新婦のどちらかとしか面識がない場合でも、相手方について話すことを忘れないようにしましょう。

❺新郎新婦の人柄や才能などをたたえ、二人の将来に寄せる期待を伝えます。

★つけたし

どうか新郎新婦も、媒酌人夫妻も、ご遠慮なくご着席ください。

二人は、けっして先を急いだり、人に追い抜かれはしまいかと周囲を気にしたりなさる必要はないのです。

②お二人はお二人のペースを守り、歩調をそろえて、一歩一歩着実に大地を踏みしめながら、ゴールめざして走りつづけていただきたいと思っています。

私どもも、応援団員として、精一杯の応援をさせていただきます。

本日は本当におめでとうございます。

結び

祝福とお礼

❼これをもちまして、私のお祝いの挨拶といたします。ご清聴ありがとうございました。

将来への励まし

❻二人の門出にふさわしい心がまえを説くのも一つの方法です。説教口調にならないように注意しましょう。

結び

❼最後に、簡単な結びの言葉で終わりにします。

※▭ 実際の状況等に合わせて言い換える語句

立場別表現別　言い換え用語サンプル

●僭越⇨恐縮／諸先輩をさしおきまして…　●お喜び⇨お祝い　●ご婚儀⇨結婚式／華燭［かしょく］の典　●職場をともに…⇨ともに学んだ／同窓生／幼なじみ　●手塩にかけて⇨大切に／愛情をこめて　●言葉にも尽くせぬものと⇨ご感慨もさぞかしと　●会社の研究室⇨店／医院／会社の営業部　●重要な研究⇨ソフトウェア開発・生産管理　●業績⇨成果／功績　●将来を期待⇨前途を嘱望［しょくぼう］／有望な人材と…　●はなむけ⇨激励／私の体験から　●神前⇨教会／みなさまの前　●終生⇨生涯／一生　●精一杯の応援⇨エールをおくる／大いに期待する／幸せを心よりお祈り

応用文句

① 偉人の名言を引用する場合

「愛とはお互いに見つめ合うことではなく、
ともに同じ方向を見つめることである」（サン・テグジュペリ）

② やわらかい表現にした場合

お二人ともお互いの長所美点を生かし合って、
一歩一歩堅実に人生の歩みを進めていただきたいものです。

来賓の祝辞 1

つかみ

健太君、愛さん。本日は、まことにおめでとうございます。お二人の新しい門出を心からお喜び申しあげます。

今日は、私にとっても先輩にあたる方々が大勢お集まりになり、先ほどからいろいろと感銘の深いお話がございました。

展開

そのうえに、私などが申しあげることはなにもないのでございますが、せっかくのご指名でございますので、いつか読んだ童話の中から、ひとつご紹介したいと思います。


あるとき、二人の仲のよい少年と少女が連れだって旅に出ました。そして歩いていくうちに、とある小川のふちに出ました。

一方は川を渡って向こう岸を歩こうといい、一方はこちら岸を行こうといいました。二人はいろいろ話し合った結果、それでは一人が向こう岸に渡り、もう一人はこちら岸に残って、二人で手をつないで歩いて行こうということになりました。そのときは川の幅はとても狭かったのです。

ところが、川下へ行くにつれてだんだん川幅が広くなり、二人は、と

結婚披露宴の祝辞では、昔話やことわざ、結婚に関する名言・格言などを引用するのも効果的です。引用するときは、その意味もあわせて説明するようにしましょう。

うとう手をつないでいられなくなりました。それで二人は、綱を両方から握りあって旅をつづけることにしましたが、下流へ行くにつれて川幅はいよいよ広くなり、綱も握っていられなくなりました。

それでも二人は、もっと下流へ行けば川幅も狭くなって、また手も握りあえるにちがいないと思って、旅をつづけていきました。しかし、川幅はますます広くなるばかりで、ついには、お互いの姿も見えなくなってしまったというのであります。

この童話の意味するものは、そのまま夫婦生活にあてはめて解釈できようかと思います。

結び

お二人はこれから、夫婦として、互いに手をとりあって、人生の旅路につかれるわけですが、その長い旅の途中では、お互いにどの道を行くかで意見の分かれることもあろうかと存じます。

そのようなときは、お互いに納得のいくように話しあい、譲れるところはお互いに譲りあって、つねに同じ道を、一つの岸を足並そろえてお歩きになってください。

これが、お二人に対する私の、心からのお願いでございます。

結婚前には両目を大きく開いて見よ。結婚してからは片目を閉じよ。(トーマス・フラー)
幸福とは、そのまま変わらないで続いてほしいような、そんな状態である。(フォントネル)
夫婦とは二つの半分になるのではなく、一つの全体になることだ。(ゴッホ)

来賓の祝辞 2

つかみ

本日は、中村・杉本ご両家のご婚儀に際し、ご披露の宴にお招きをいただきまして、たいへん光栄に存じます。さいわい天候にもめぐまれまして、まことにおめでとうございます。

展開

本日の新郎新婦に私からは、夫婦には「和」というものがもっとも大切であり、その「和」を保つためには、お互いに「フショウフズイ」の精神をもたなければならないということをここでお伝えしたいと思います。

こう申しあげると、「今どき、フショウフズイの精神なんて古くさい」などとおっしゃる方が多いかと存じますが、私のいう「フショウフズイ」は、けっして、「夫が唱えて、妻が随う」意味の、あの「夫唱婦随」ではございません。文字で書くと、カタカナの「フショウフズイ」であります。

このカタカナの「フショウフズイ」は、聞く相手によって、どのようにでも説ける便利な言葉なのです。私は、この言葉を夫側に向かって説くときには「妻が唱えて、夫が随うこと」――すなわち、「婦唱夫随」の

ことわざや慣用句を引用する場合など、読んでみればすぐに意味が分かる言葉も、聞くだけでは分かりにくい場合があるので、その意味するところもきちんと説明するようにします。

精神が必要だと言い、妻の側に向かって説くときには、反対に「夫が唱えて、妻が随うこと」──すなわち「夫唱婦随」の精神が必要だと言うことにしております。

言い換えると、夫は妻の意見に耳を傾け、妻は夫の意見に耳を傾けるということでありまして、お互いに相手の意見をよく聞き、それが正しければ喜んでこれに従うという精神さえあれば、夫婦の仲はつねに円満で、和が保てると確信するのであります。

結び

お二人の間にも、将来、ときには一つのことで意見が分かれることがあるかもしれませんが、そのときは、お互いに「フショウフズイ」の精神を思い出していただき、ご自分の意見と相手の意見の相違点をもう一度考えてみるようになさってください。そうすれば必ず、お互いの意見を調和させる道も見いだされ、平穏が保たれるにちがいないと信じます。

一般来賓の祝辞は、媒酌人や主賓のように定型や格式にこだわる必要がなく、列席者もリラックスして内容を楽しめるスピーチが求められます。

新郎の友人の祝辞 1

つかみ

ただいまご紹介にあずかりました、渡辺亮と申します。

司会者のご紹介にもありましたように、私は新郎の鶴岡君とは高校時代からの親友で、お互い社会人になってからも、職場はちがいますが、月に二、三度は誘い合って、一緒に映画を観たり、酒を飲んだりしてきた仲でございます。

展開

鶴岡君と優花さんとの交際が始まり、ご結婚が決まりましてからは、会うたびに優花さんのことを聞かされ、そのたびに、

「そうか。とうとう婚約したのか。それはよかったな。おめでとう」とか、

「そうか。いよいよ結婚式の日どりが決まったのか。そいつはおめでとう」

などと、祝意を表させられてまいりました。

それで、じつは今日のこの披露宴で高校時代の友人を代表して挨拶をするようにという話を受けましたときには、

「なんだ。まだ、おれに〝おめでとう〟と言わせる気か」

と思いまして、いっそ辞退しようかと思ったのでございますが、先ほどから、あちらに新郎鶴岡君と並んで座っておられる新婦のようすを拝見

友人の祝辞は、新郎新婦と同年輩の者として、元気な若さにあふれたスピーチを贈りましょう。親しい友人だからこそ知っている、本人の姿やエピソードなどを話します。

しながら、新婦のお知りあいの方々のお話をうかがっているうちに、私は、私のいままでの「おめでとう」では、まだまだたりなかったことに気づきました。

私が新婦にお目にかかるのは今日が初めてなのですが、その新婦は、鶴岡君の言葉を通して私が想像していたよりも、はるかにすばらしい女性であることがわかったからです。「百聞は一見にしかず」と申しますが、まったくそのとおりです。

鶴岡君。ほんとうにおめでとう、君は、ほんとうに幸せな男だ。

それから、優花さん。ほんとうにおめでとうございます。

私はいま、鶴岡君に対して、

「君は、ほんとうに幸せな男だ」

と申しましたが、優花さんに対しても、同じように、

「あなたは、ほんとうに幸せな方だ」と申しあげたいのであります。

なぜかと申しますならば、優花さんもたぶん直感的にそうお感じになって、結婚を決意なさったのだと思いますが、鶴岡君は、ほんとうに友情に厚い男、頼りになる男だからです。

私はまだ独身なので、先輩方のように、自分の体験から申しあげることはできませんが、このように友情に厚い男は、奥さんへの愛情も人一倍厚い男だとみてよいかと思います。


自分がすでに結婚している場合は、その体験から得た夫婦生活の実感を話すこともよいでしょう。友人仲間が独身ばかりの場合は、「私たちの中でいちばん早く、こんなに素敵な女性を射止めるとは……」などと内容を工夫します。

結び

どうか、お二人で心を合わせ、力を合わせて、私たちのうらやましくなるような、立派な家庭をお築きになってください。

お二人のお幸せを心からお祈りして、私の挨拶とさせていただきます。

新郎の友人の祝辞 2

つかみ

お二人、ならびにご両家のご親族のみなさま、本日は誠におめでとうございます。

ただ今ご紹介にあずかりました、新郎の知之君と同じ職場で働いております望月と申します。

知之君とは同期入社で、新入社員研修で意気投合し、それ以来、会社はもちろん、プライベートでも釣りやキャンプに出かける仲です。

展開

新入社員時代は、お互いに仕事で壁にぶつかることがあり、仕事帰りにふたりで居酒屋に繰り出し、仕事の悩みを相談しあったり、グチを言い合ったりしました。

そのころに私が知之君に感心したことがあります。彼は仕事のグチをこぼしながらも常にポジティブで、悩みの解決策をいくつも考えているのです。「あの件は、こうしたら問題が解決すると思っているんだけど、どう思う?」と聞かれることが多く、グチをこぼして憂さ晴らしをしているだけの自分が恥ずかしくなることが何度もありました。

そんな彼の影響で、私も仕事の悩みを解決する方法を考えては、知之

職場の同僚の場合、新郎の職場での様子を披露するのもよいかもしれません。新婦や親族には見えにくい新郎の仕事ぶりや職場での様子を紹介して披露宴に花を添えましょう。

君に話して意見を聞くようになったのですが、彼は常に冷静に状況を分析し、私の見落としていた点を指摘してくれます。私が会社で成績を出せているのも、半分以上は知之君のおかげだと思っています。

そんな知之君ですが、麻衣子さんとつきあうようになってからは、居酒屋での会話で仕事のことを話す割合が半減しました。乾杯するやいなや、麻衣子さんとの話ばかりするんです。ノロケ話だけで2時間独演会をされたこともありました。

結び

知之君はそれほど麻衣子さんにゾッコンです。間違いなく妻と家庭を大事にするヤツであることは、私が保証します。

ですから、私がたまに仕事帰りに知之君に一杯つきあってもらうことがあっても、大目に見てもらえるとありがたいです。

本日は誠におめでとうございます！

友人として、新郎とのエピソードは具体的に紹介しましょう。ただし、さまざまなエピソードを盛り込みすぎてとりとめもない話になってしまうのはNGです。新郎の良い点が現れたエピソードを厳選しましょう。

新婦の友人の祝辞 1

つかみ

大田さん。麻美ちゃん。

本日は、ほんとうにおめでとうございます。

実は、大田さんとのことは、お二人がお知りあいになられたきっかけから、麻美ちゃんにいろいろと聞かされておりまして……私など、いつもあてられてばかりいたのでございますが、そのなかに次のような話がございました。

展開

このような話を、このような席でお話しすると、あとで麻美ちゃんからしかられるかもしれませんが、ここにお集まりのみなさんは、みな、お二人に好意をもっておられる方々ばかりですから、しかられるのを覚悟で申しあげます。

それは、ある日、麻美ちゃんが、

「私たちは、なんだか、こうやって出会うために、いままで別々に成長してきたんだという気がするわ」

と言ったところ、大田さんが、

「君もか。僕もそんな気がしていたんだ」と言ったという、あの話です。


友人のスピーチの場合、「○○さん」「○○ちゃん」など、普段の呼び方で呼びかけるのもよいでしょう。同じ女性として、花嫁姿の美しさをほめるのも、祝辞としてふさわしいでしょう。

麻美ちゃん。こんなことを言ってしまって、ごめんなさいね。

私が麻美ちゃんにしかられるのを覚悟で、この話を申しあげたのは、ほかでもございません。「初心忘るべからず」といいますが、私はお二人に、そういう言葉を交わされたときのお気持をずっと変わらずに持ちつづけていただきたいと願うからでございます。

結び

大田さん。

麻美ちゃんは私の古くからのお友だちなので、麻美ちゃんのお人柄はよく存じていますが、麻美ちゃんは、頭もよく、幅広い趣味をおもちであるばかりでなく、非常に純真で、愛情のこまやかな方なのです。どうか、大事にしてあげてください。お願いいたします。

そして、お二人が力を合わせて、私たちのうらやましくなるような、幸せな家庭をお築きになってください。

親しい友人であっても、本人たちが嫌がるエピソードや、異性の友人に関することなどはけっして話さないようにします。秘密のエピソードも、せいぜいこの例の程度にとどめましょう。

新婦の友人の祝辞 2

つかみ

ただいまご紹介にあずかりました新婦の友人の村上と申します。博隆さん、礼子ちゃん、本日はまことにご結婚おめでとうございます。このような素晴らしい席にご紹介いただき、心より御礼申し上げます。

展開

礼子ちゃんと初めて会ったのは、幼稚園の入園式の時でした。それ以来、小学校・中学・高校とずっと一緒で、たくさんの思い出を作ってきました。大学は違う学校に進みましたが、礼子ちゃんは私の誕生日には必ず連絡をくれて、プレゼントを贈ってくれました。

そんな礼子ちゃんから結婚相手として村上さんを紹介された時の、彼女の幸せそうな表情は印象的でした。いつもクールな礼子ちゃんが、こんなにとろけた顔をするんだと、本当にビックリしました。

結び

村上さん、礼子ちゃんは私の親友です。彼女ならきっと温かく幸せな家庭を作りますので、どうかいつまでも彼女を大切にしてください。

本日は、本当におめでとうございます!

スピーチの内容には節度と責任を持つことが大切です。新郎新婦の良いところをアピールするのもスピーチの目的のひとつですから、元カレの話やプライベートすぎる話は避けたほうが良いでしょう。

新婦の手紙

つかみ

お父さん、お母さん、今日まで28年間、本当にありがとう。

今日という日を迎えられたのも、今まで育ててくれたお父さんとお母さんのおかげです。

展開

お父さんは、仕事が忙しいのに、週末の旅に私をいろんなところに連れていってくれました。疲れていたはずなのに、私の前ではいつも笑顔でした。お父さんがどれだけ大変だったか、私は社会人になるまでわかりませんでした。

思春期の頃は、反抗して怒らせることも多く、たくさん喧嘩をしましたね。お父さんが私のことを思って叱ってくれていることは、私もわかっていました。でもなかなか素直になれず、ついつい憎まれ口をたたいてしまいました。ごめんなさい。

お母さんはとても料理上手で、中学高校時代は、毎日おいしいお弁当を作ってくれました。友だちは、いつも私のお弁当をのぞいては「おいしそう！」とほめてくれて、そんなお弁当を作ってくれるお母さんは、

両親とはたくさんの思い出があると思いますが、手紙にはたさくんのエピソードは盛り込めませんから、中でも特に心に残っているものに絞って選ぶようにしましょう。

私にとって自慢でした。そんなお母さんに、もっとお料理を教えてもらっておけばよかったと思っています。

お母さんとは、いつも言いたいことを言い合える仲でした。時には意見が合わずに、言い合いになってしまうこともありましたが、それも相手がお母さんだったから、言いたいことが言えたんだと思います。好きなことが言い合える、友だちみたいなお母さんが私は大好きです。

結び

これから私たちも、お父さんとお母さんのような、どんな時も支えあう家族愛にあふれた夫婦をめざしていきます。

これからも元気で長生きして、私たちをずっと見守っていてください。


両親への手紙は、分量にも注意が必要です。短すぎると素っ気ない感じになってしまいますし、長すぎると参列者が飽きてしまう場合があります。3～5分程度を目安に調整しましょう。

両家代表の謝辞

つかみ

本日は、ご多忙中にもかかわらず、遠路わざわざご光臨をたまわり、ありがたい祝福と教訓とをお与えくださいまして、まことにありがとうございました。

展開

新郎新婦はもとより、私どもにとりましても、このうえの喜びはございません。ここに両家を代表いたしまして、厚く御礼申し上げます。なにぶんにも、二人はまだ未熟者でございますので、いたらぬ点が多かろうかと存じます。みなさまには、今後ともよろしくご指導ご鞭撻をたまわりますよう、切にお願い申しあげます。

結び

なおこの機会に、みなさまのご健康とご繁栄を心からお祈りいたします。

本日はまことにありがとうございました。

両家を代表して、新郎の父が、列席者の祝辞に対する感謝の言葉や、今後の指導をお願いする言葉を述べます。挨拶の結びは、新郎新婦も一緒におじぎをします。

新郎の謝辞 1

つかみ

お礼

❶みなさま。本日はお忙しいなかを、私たち二人のためにお集まりくださいまして、まことにありがとうございました。①また、日ごろ敬愛申しあげている上司、先輩などのみなさまから、いろいろとお心のこもったご祝辞をいただきまして、身に余る光栄です。

★つけたし

展開

決意・抱負

❷私たちも、この今日の感激を終生忘れることなく、お互いにたりないところを補いあって、家庭人としても、社会人としても、みなさまのご期待に背かぬように努めていこうと誓いあっております。しかし、なにぶんにも経験にとぼしく、未熟な二人でございますので、なにかにつけて行き届かぬ点があるかと思います。

お礼の言葉

❶新郎新婦の名前で招待状を出した場合には、主催者として新郎が謝辞を述べます。また、新郎の父親が主催者として謝辞を述べた後につづく場合もあります。

決意

❷挨拶を行うのは新郎ですが、二人の謝辞なので、新婦も新郎の話に共感している様子を見せ、ときにはうなずくようなそぶりを示すとよいでしょう。

③みなさまにおかれましても、どうかこれからも温かいご指導とご鞭撻をたまわりますよう、切にお願い申しあげます。

結び

感謝の言葉

本日はほんとうに、ありがとうございました。

※　　　　実際の状況等に合わせて言い換える語句

今後の指導のお願い

❸新郎がおじぎをするときは、新婦も合わせておじぎをしましょう。

★ つけたし

みなさまのあたたかいご祝福のもと、私たちはここに新しい人生への第一歩を踏み出すことができました。

立場別表現別　言い換え用語サンプル

●お忙しいなか⇨ご多用のなか　●まことにありがとうございました⇨厚く御礼申しあげます／まことに感謝にたえません　●敬愛申しあげている⇨親しくしていただいている　●上司、先輩⇨家族、友人／先生、仲間　●ご祝辞⇨激励のおことば／ご教訓／お祝いの品々　●経験にとぼしく、未熟⇨世間知らずの／若輩　●行き届かぬ点⇨いたらぬ点／ご迷惑を　●ご指導とご鞭撻⇨ご支援／お力添え／お導きください

応用文句

1 会費制披露宴の場合

今日のために大変お骨折りいただいた◯◯君はじめ
幹事のみなさま

新郎の謝辞 2

つかみ

本日は、お忙しいなか、私どものためにおいでいただきまして、まことにありがとうございました。

展開

みなさま方からたくさんのお祝いと励ましのお言葉をいただきまして、身にあまる光栄と存じております。心に深く銘じて、努力してまいります。ご覧のとおり未熟な二人でございますが、あたたかく明るい家庭となるよう二人で力を合わせて進んでいきたいと思っています。どうぞ今後ともご指導くださいますようお願い申しあげます。

結び

本日は、まことにありがとうございました。

両家代表の謝辞に続いて行われます。感謝の気持ちを伝えることが目的なので、長々と話す必要はありません。このなかで特に媒酌人へのお礼を言う場合もありますが、これは他の席であらためて言う方がよいでしょう。

司会者の役割について

結婚披露宴を進めるうえで、もっとも重要な役割を務めるのは司会者です。

披露宴が楽しいものになるかどうかは、司会者の腕ひとつにかかっているといっても過言ではありません。

おめでたい宴会なのですから、ただ台本を読み上げるだけでなく、場面によって適度にユーモアなどをまじえながら、新郎新婦へのお祝いの気持ちをこめて、明るく、楽しい雰囲気をつくっていきましょう。

司会者は、どのような披露宴にしたいのか、新郎新婦と事前によく話し合っておく必要があります。進行のスケジュール会場側の担当者と打ち合わせし、それぞれの所要時間を考えます。来賓のリストを作って肩書き、名前の読み方を調べます。会場の下見をするなどの準備が大切です。

披露宴の進行を把握し、台本を作ります。

スピーチをお願いする人の新郎新婦との関係なども事前に確認しましょう。くれぐれも名前の読み方を間違えないように注意しましょう。

来賓のなかには、新郎新婦の上司や恩師といった目上の方も大勢出席しています。

司会者本人は、それらの人と直接にはかかわりがない場合でも、新郎新婦と同じ立場に立って敬意を払うようにしなければなりません。

司会者の挨拶では、「閉宴」を「おひらき」と言い換えるなど、特に忌み言葉には注意しましょう。

開宴の挨拶【司会】

つかみ

新郎新婦の入場

みなさま、会場後方の扉にご注目ください。ただいまより新郎新婦が入場いたします。どうぞ盛大な拍手でお迎えください！

❶ただいまから、佐々木・中村両家の結婚披露宴を始めさせていただきます。

❷本日は、みなさまご多用中にもかかわらず、ご臨席くださり、まことにありがとうございます。

展開

自己紹介

❸私は、新郎佐々木亮太君とは同じ会社に勤めております北川と申します。そのご縁によりまして、まことに僭越ではございますが、本日の司会を務めさせていただくことになりました。

❹なにかと不行き届きの点が多いかと存じますが、なにとぞ

開宴の宣言
❶列席者一同、新郎新婦が着席し、拍手が鳴りやんだ瞬間をとらえて司会者が「開宴の挨拶」を行います。

お礼
❷列席者一同に、出席してくれたことについての感謝の意を伝えます。

自己紹介
❸自己紹介をします。新郎新婦との関係についても伝えます。

よろしくお願い申しあげます。

結び

媒酌人紹介

❺さて、開宴に先だちまして、このおめでたいご婚儀にご媒酌の労をおとりくださいました中川十郎先生に、新郎新婦のご紹介をお願いいたしたいと存じます。

では、中川先生、お願いいたします。

※ 実際の状況等に合わせて言い換える語句

お詫び

❹挨拶の中で、不行き届きがあるかもしれないが…と詫びておきます。

媒酌人の紹介

❺最初のスピーチである媒酌人の挨拶紹介の言葉に引きつぎます。媒酌人の名前をまちがえないように注意しましょう。

立場別表現別　言い換え用語サンプル

●ご光臨⇨ご光来／ご臨席　●同じ会社に勤めて⇨友人で／同じ大学を卒業した／新郎のいとこの　●ご覧のとおりの若輩で…⇨なにぶん不慣れなため／未経験のことで　●不行届きの点⇨お耳ざわりの点／手ぬかり

応用文句

① 新郎新婦の名前で招待状を出した場合

佐々木亮太（君）、中村絵梨（さん）

来賓の紹介

それでは、ここで、新郎の勤め先の社長でいらっしゃいますM株式会社の池田隆夫様よりご祝辞をちょうだいしたいと存じます。

ウェディングケーキ入刀

これより新郎新婦には、お二人によるウェディングケーキ入刀をお願いします。お手元にカメラ、携帯をお持ちの皆様はぜひ、お二人の幸せなお姿をお写真に収めていただきたいと思います！
それでは新郎新婦様によるケーキ入刀です。お願いします！

乾杯の音頭

それでは、ここで、新郎の恩師でありますの中山栄治先生に乾杯のご発声をお願いしたいと存じます。中山先生、よろしくお願いいたします。

（乾杯）

ありがとうございました。
みなさまもご唱和いただき、ありがとうございます！　それではこれより、祝宴に入らせていただきます。どうぞごゆっくりご歓談ください。

媒酌人の挨拶が終わったら、司会者は、当日の主賓に対して、祝辞をお願いする言葉を述べます。主賓は、新郎側、新婦側の順で紹介します。

新郎側、新婦側の主賓の祝辞が終わったら、主要な主賓の一人に乾杯の音頭とりを依頼します。乾杯のあとは、食事、歓談の時間となります。

お色直し

ここで新婦はお色直しのために中座させていただきます。みなさま、大きな拍手でお見送りください！

みなさま、大変長らくお待たせいたしました。装い新たな新郎新婦をお迎えしたいと思います。新郎新婦、入場です！

祝辞の再開

みなさま、ご歓談中失礼いたします。

それでは、これからみなさまからご祝辞をちょうだいいたしたいと存じます。はじめに、新郎の上司でいらっしゃいますK株式会社営業部長の横田様にお願いいたします。

祝電の披露

本日は、たくさんの方々から祝電をいただいておりますので、ここでご披露させていただきます。

「岡山君、亜希さん、ご結婚おめでとう。お二人の新しい人生の門出を心からお祝いします。松本一郎」

これは、新郎のお勤め先の松本社長からでございます。

スピーチや余興がつづく場合は、それぞれが終わるたびに拍手とお礼の言葉でしめるようにしましょう。ひと言誉め言葉を添えるのも良いですが、細かい評価や感想は避けましょう。

式場に祝電が届けられた場合は、来賓や友人の挨拶が終わったところ（またはその途中）で、祝電を読みあげます。ただ祝電を読むだけでなく、発信者と新郎または新婦との関係も伝えるようにします。

おひらきの挨拶【司会】

つかみ

おひらき

みなさまと楽しい時間を過ごしてまいりましたが、おひらきの時間が迫ってまいりました。

❶これをもちまして、原・高橋両家の結婚披露宴をめでたくおひらきとさせていただきます。

★つけたし

閉宴の挨拶

❶閉宴の挨拶は、区切りをつける言葉を使いますが、「終わる」「帰る」「引き取る」などの言葉を避け、「おひらき」という表現をします。

展開

お礼の言葉

❷①おかげさまで、たいへん楽しい披露宴になりまして、まことにありがとうございました。司会者の不慣れのために、いろいろと不行き届きの点が多かったことと存じますが、みなさまのご協力で無事に司会の大役を果たすことができました。厚く御礼申しあげます。

感謝

❷これまでなごやかな口調で披露宴を進行してきた司会者も、おひらきの挨拶は、落ち着いたトーンで話すようにします。

結び

祝福

❸お二人の末永いお幸せ、ならびにご両家のご繁栄を、心からお祈りしたいと存じます。

みなさま、本日はほんとうにありがとうございました。

新郎新婦ならびにご両親が、みなさまのお見送りの準備をいたしますが、みなさまには今しばらく会場内にてお待ちいただくようお願い申し上げます。

それではご準備の整いました方から、順にお進みください。お手荷物など、お忘れ物のなきようお願い申し上げます。

※ 実際の状況等に合わせて言い換える語句

祝福

❸披露宴のあと、新郎新婦が新婚旅行に出かける場合は、列席者に起立と拍手による見送りを呼びかけます。

★ つけたし

ここでご両家よりみなさま方へお礼のご挨拶がございます。

立場別表現別　言い換え用語サンプル

●楽しい⇨なごやかな／お二人の門出を祝うにふさわしい　●司会者の不慣れ⇨つたない司会　●不行届きの点⇨お聞き苦しい点／不手際　●大役⇨大任　●お幸せ、ご繁栄⇨ご多幸／ご健康／ご健勝

応用文句

① 再度新郎新婦を祝福

おひらきに際しまして、今一度、新郎新婦にみなさまの祝福と励ましをこめた盛大な拍手をお願いいたします。

結婚式二次会について

結婚披露宴の後で開かれる二次会は、親しい友人や先輩などが、新婚夫婦の前途を祝って開くパーティーです。

披露宴とは別の場所で、会費制で行われるのが一般的です。会場は、レストランやバー、式場の宴会場などが多く、気軽な立食パーティー形式の場合もあります。

結婚式二次会は、先輩や同僚、友人などが発起人となり（または新郎新婦が幹事を依頼し）行われます。

発起人（幹事）は、案内状の送付や会場の準備、当日の受付、司会などを受けもちます。

結婚式二次会の案内状

私たちの親しい友人、小暮隆史君と中川美沙さんは、かねてから婚約中でございましたが、来る4月18日、晴れてご結婚されることになりました。※1

つきましては、同夕、日頃よりお二人と親しくされているみなさんと結婚祝賀パーティーを開き、お二人の新しい門出をお祝いしたいと思います。

ご多忙のことと存じますが、ふるってご参加くださいますようお願いいたします。

日時　　令和○年○月　○時〜

❶場所　　○○○○ホテル

会費　　男性：■■■■円　　女性：■■■■円

令和○年○月吉日

❷発起人　阿部雄太　甲野慎吾　佐田美咲　林晴香

❸なお、準備の都合もございますので、おりかえし○月○日までにご出席の有無をお知らせください。

❶会場の住所に添えて、地図をつけると親切です。

❷案内状は、発起人（幹事）が連名で記すものですが、例えば同じ職場のものだけが発起人になるような場合は「発起人代表S株式会社営業部　阿部雄太」というふうにしてもよいでしょう。

❸案内状は往復はがきで出すと、返信がしやすいでしょう。

※1　新郎新婦の名前で案内状を出す場合：私たち小暮隆史と中川美沙は、このたび結婚することになりました。

結婚式二次会での発起人挨拶

つかみ

本日は、上原大輝君と佐々木佳奈さんの結婚披露宴二次会にお越しいただき、ありがとうございます。

私は、新郎大輝君の高校時代の同級生の、斉藤健史と申します。

展開

お二人は本日、Iホテルのチャペルにて、めでたく結婚式をあげられました。

そこで今日は、親しい友人が集まって、お祝いの席を開こうということになりました。こんなにたくさんの方にご参加いただき、盛大なパーティーを開くことができたことは、私たち幹事にとっても非常にうれしいです。

これというのも、本日の主役である上原君と佳奈さんの人柄の良さの表れだと言えるでしょう。

今夜は気心の知れた友人たちばかりの集まりです。みんなで盛り上げて、新郎新婦にとっては忘れられない楽しい思い出になり、私たち出席者にとっても楽しいパーティーだったと心に残る二次会にしていきたいと思っていますので、協力をお願いします！

結婚式二次会はパーティー形式が多いので、まず飲み物がひと通りいきわたったところで、発起人代表が立って挨拶を行います。その後、発起人の中から一名が司会者となって、パーティーを進行させていくようにしましょう。

お料理は、ビュッフェスタイルとなっています。また、お飲み物は、ビール、日本酒、ワイン、ジュースなどを、会社関係からたくさんの寄贈いただきました。お時間の許すかぎり、どうぞごゆっくりお召しあがりください。

結び

また、本日は、豪華な景品が当たるビンゴゲームや、新郎大輝君の大学時代のご友人の余興などもご準備いただいておりますので、どうかお楽しみに。

みなさまとともに、楽しいひとときを過ごしたいと思います。どうぞよろしくお願いいいたします。

一般的な結納の口上

◆新郎側での挨拶

媒酌人

本日はお日柄もよろしく、まことにおめでとう存じます。これからお結納を納めにまいります。

新郎の父

※結納品や結納金、目録、親類書を前にそろえます。

お役目ご苦労に存じます。

媒酌人

※目録に目を通し、結納品を確認します。

確かにおあずかりいたしました。おめでたく行ってまいります。

◆新婦側での挨拶

媒酌人

このたびは、ご両家のご婚約がめでたく調い、まことにおめでとうございます。本日はお日柄もよろしうございますので、私が名代としてお結納を持参いたしました。幾久しくご受納くださいますように。

口上とは、儀式の際の決まり文句、定型の挨拶のことです。

新婦の父
これはこれは遠路のところ、お役目まことにご苦労に存じます。ご丁重なお結納、おそれいりました。幾久しく受納いたします。
※結納品や結納金、目録、親類書に受取書を加えてそろえます。
恐れいりますが、○○様にこの結納を納める手続きをお願いいたします。
媒酌人
※目録に目を通し、結納品を確認します。
おめでたく、幾久しくお願いいたします。

◆再び新郎側での挨拶

媒酌人
お結納はたしかにお届けいたしました。これは、○○様からのお結納でございます。幾久しくご受納くださいますように。
新郎の父
お役目、まことにご苦労さまに存じます。お結納の品々、幾久しく受納いたします。
※結納の受取書を媒酌人にわたします。
媒酌人は受取書を新婦側に届けます。挨拶は、前と同じようにします。

挨拶を行う際には、忌み言葉は絶対に使わないように注意し、「幾久しく」「めでたく」などという言葉を多く使うようにします。新郎の父、新婦の父の言葉は、新郎新婦本人が伝えてもかまいません。

敬語の使い方

大勢の人の前で挨拶をする場合には、敬語の使い方を無視してはいけません。どんなによい内容でも、敬語の使い方がまちがっていては、台なしになってしまいます。

ただ、敬語の使いすぎは、相手に不自然な印象を与えてしまいます。その場にふさわしい正しい敬語を使うことが大切です。

【です】ございます　【する】なさる、いたす
【見る】ごらんになる、拝見する
【言う】おっしゃる、申す、申し上げる
【行く】うかがう、参る
【来る】おいでになる、いらっしゃる、おみえになる
【聞く】うかがう、承る　【思う】存じます
【もらう】いただく、ちょうだいする
【食べる】召しあがる、いただく、ちょうだいする
【知る】ご存じ、存じあげる

自分のことは、あらたまった場合には「わたし」でなく、「わたくし」と言ったほうがよく、「あたし」「あたくし」などと言ってはいけません。男性の場合も、「ぼく」という言葉は目上に対しては使わないのが常識です。

　また、家庭内では、お父さん、お母さん、兄さん、姉さんでいいですが、相手に対しては「うちのお父さん」などと言うのは非常識で、「父」「母」と呼ぶべきです。また妻が自分の夫のことを話すときは「山田が」とか「中西が」というように姓を呼ぶか、「夫が」と言います。

　言葉を丁寧に言うときに「お」「ご」をつけますが、これも使いすぎるとおかしなものになります。

「お」「ご」は相手に対するものにつけて、自分に対しては使いませんが、こちらの動作が相手に及ぶときにはつけます。

　使いどころをまちがえないように気をつけましょう。

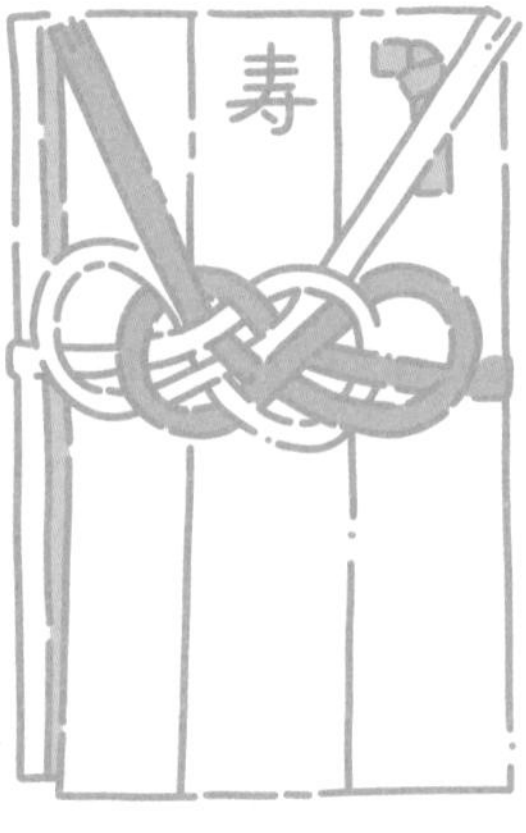

第3章

プライベートな催しでの挨拶

同窓会の挨拶について

同じ学校を卒業した者同士が、当時を振り返るために集まるのが同窓会です。同時期に卒業した人たちが集まる会を同期会、同じクラスだった人たちが集まる会をクラス会ということもあります。

同じクラス、同じ学校で学んだ思い出はいつまでも心に残っているものです。旧交を温めるために、当時の思い出や、卒業から現在にいたるまでの話など、参加者全員が共感を抱けるような挨拶をするとよいでしょう。

同窓会

同窓会やクラス会は、卒業から1～2年は出席率も良いものの、年がたつにしたがって足が遠くなることが多いようです。

しかし、年がたつにつれて子ども時代の友だちがなつかしくなり、一時中断していたクラス会を復活したり、故郷を離れた現住地に同窓会の支部をつくって会合をつづけたりするという例も少なくないようです。

同窓会やクラス会で行なう挨拶は、幼友だちと交わされるのですから、型にとらわれず、思うままに気持ちを表します。方言のある地方では方言をまじえて行なうほうが、親しみがわいてよいでしょう。

同窓会幹事の挨拶

つかみ

参会のお礼

❶本日は一年に一度の楽しい同窓会であります。

❷さいわい天候にも恵まれまして、こんなに大勢の方々に集まっていただくことができ、幹事としてまことにうれしく存じます。

★つけたし

展開

思い出のエピソード

①ここから見わたしましたところ、私などとも顔なじみの方もおられるようですが、若い方のほうが圧倒的に多いようです。

❸これは、年がたつにつれて社会的にだんだん忙しくなって、時間的に余裕がなくなるためでもありましょうし、この土地から移って行かれる人も多いためでもありましょう。また、時おり学校の前を通りかかって職員室をのぞいてみても、自分の教わった先生は転任されて、知っている先生もほとんど

参会のお礼

❶同窓会の開会の挨拶は、幹事や役員が行います。同級生が集まるクラス会とはことなり、参加者の年齢に幅もあるので、ある程度の礼儀正しさは必要です。

❷参列者へ、参加してくれたことへのお礼を伝えます。

卒業後の報告

❸学校を卒業してからの経過にふれながら、会の雰囲気をやわらげるようなスピーチにします。出席できなかった人の消息にふれるのもよいでしょう。

いなくなってしまい、なんだかさびしい感じがして、しだいに足が遠のくということもあるようです。

4とは申せ、2顔見知りの先生はいらっしゃらなくても、母校はやはりなつかしいものです。

5玄関の大時計に、校庭をとりまく桜の木、プール、鉄棒、ジャングルジム、……すべて思い出深いものばかりです。みなさんも、どうか昔のわんぱく時代、おてんば時代にかえって、思い出を新たにしながら、お互いに旧交を温めあってください。

6なお、来年は、ご承知のように母校の創立五十周年にあたりますので、同窓会としてもなにか、記念事業をやろうではないかという話が、幹事の間で起こっております。幹事の間で相談がまとまりましたら、メールでご連絡申しあげますから、そのときは、どうかよろしくご協力くださいますようお願いいたします。

思い出

❹現在さまざまな境遇にある人たちが、かつて同じ学校で学んだという一点だけで結ばれているのが同窓会です。話の中心は当時の思い出にしぼり、現在の職業や地位などにはあまりふれないようにします。

❺旧交を温める意味での思い出にふれ、参加者全員が共感を抱き、会全体が和気あいあいとした雰囲気になるようなスピーチをします。

近況

❻幹事は、母校や会の活動の現状をできるだけくわしく報告します。

結び

結びの言葉

はなはだ、まとまりの悪い話になりまして恐縮でございますが、これをもちまして、私の挨拶を終わります。

※　　　　実際の状況等に合わせて言い換える語句

★つけたし

私は本校第○回卒業生の、石田一郎でございます。

立場別表現別　言い換え用語サンプル

●一年に一度⇨卒業以来／◯年ぶり　●同窓会⇨クラス会／同期会　●さいわい天候にも恵まれ…⇨お足元の悪い中／暑い中　●顔なじみの⇨同じクラスだった／当時と少しもかわらない　●若い方⇨初めてご参加の方／先輩方　●玄関の大時計⇨中庭の大銀杏／なつかしい校舎　●校庭をとりまく桜の木、プール…→⇨グラウンド／体育館／校歌／修学旅行／遠足　●旧交⇨旧情／思い出を語り合って　●創立五十周年⇨設立◯周年／新築校舎が完成／校舎が移転　●記念事業⇨記念品を贈呈／お祝いのイベント　●メール⇨お手紙／ホームページ

応用文句

① クラス会の場合

こうして見ると、まるで◯年◯組の教室に
タイムスリップしたかのような錯覚を覚えます。

② 顔見知りの先生が出席の場合

今年は、佐藤先生と武田先生にもおいでいただきました。
本日は、両先生をかこみまして楽しく思い出を語り合いましょう。

同窓会支部発起人の挨拶

つかみ

本日はこんなにもたくさんの方々にお集まりいただきまして、まことに喜ばしく存じております。発起人を代表いたしまして、一言、ご挨拶を申しあげます。

展開

じつは、先日、私は親戚の法事がございまして、久しぶりに郷里に帰省したのでございますが、そのとき私たちの母校K高校を訪ねましたところ、たまたま当時の担任であった谷川先生にお目にかかりました。先生は現在、同高校の校長をしておられるのでありますが、そのとき先生から、

「東京には、K高校の卒業生がだいぶ行っているようだが、ときには会うかね」

というお尋ねがございました。

それで、河井君とは時おり会っていますが、とお答えしましたところ、

「東京へ行っているのは、それだけではない。君たちの同期生だけでも十人以上いるはずだ」

と言って、先生は卒業生名簿を見せてくださいました。

この種の発会式では、発起人の挨拶が終わったら、別の発起人が立って、同窓会規約の草案を読みあげて、異議がないかどうかを確認します。規約の内容はだいたい決まった型があるので、そのまま決定になることが多いようです。

その名簿によりますと、現住所のわかる人だけでも、私どもの先輩・後輩を含めまして、百人以上の同窓生が東京に出てきているとわかりました。そこで、東京に同窓会の支部をつくって、年に一度か二度ぐらい集まって旧交を温めることにしたらどうだろうかと思い、みなさんに今日のこの集まりのご案内状をさしあげた次第でございました。同窓生というものは、お互いに血縁関係にも似た心のつながりを感じあっているのだと思います。同窓会は、職業や利害関係にかかわらず、ただお互いに同じ学校に学んだという心からの純粋な親しみから集まる会なのです。

そのうえ、今日、東京で生活しておりますわれわれには、お互いに同郷人だという親しみが加わるわけで、いっそう心のつながりが深いわけであります。年齢も職業もさまざまなみなさんですが、こうして集まってみますと、お互いに思い出されるのは、お互いのなつかしい少年時代であります。

結び

本日は発会式でございますから、これから、先ほどお手もとにさしあげた『同窓会支部規約（草案）』について審議していただきたいと存じます。規約がまとまりましたら役員を選出していただき、それが終わりましたら宴席に移りまして、まず、みなさんに自己紹介をお願いし、そのあとで歓談に移りたいと考えております。

これをもって、発会式の挨拶といたします。

規約の条文によって異議が出た場合には、全体の意見を聞きながら、多数決によって内容を訂正していきます。そして、規約が決まったら、それにもとづいて役員を決め、その後宴席に移ります。

自己紹介

学校関係や地域での集まりにおいて、初めての人同士が顔を合わせるという場合には、お互いの自己紹介が必要です。

PTAの会合や新入生歓迎会などでは、

「私は、1年A組の○○○○の母でございます。どうぞよろしく」

「市立O中出身の××××です。どうかよろしく」

のように簡単な挨拶でもすみますが、時間に余裕がある時などは、ユーモアをまじえた自己紹介で、和気あいあいとした会にしたいものです。

例えば、

「私は、１年Ａ組の○○○○の母でございます。上の子が２年生にいまして、ＰＴＡの活動は経験済みです。初めての方は不安があるかもしれませんが、学校のことで聞きたいことがあれば気楽に話しかけてください。どうぞよろしくお願いします」

「市立O中出身の××××です。小学５年生のときから、サッカーのリトルリーグに入っています。将来は三苫選手のようなＪリーガーを目指しています。どうかよろしく。勉強は苦手なのでアシストをお願いします」

など、場の空気をなごませることを念頭に、ひと言加えてみるのもいいでしょう。

同窓会での自己紹介

○○年卒業の水原義三と申します。母校H中学校を出てから、K高等学校に入り、1年浪人ののち、N大学に入り、卒業と同時に、S会社に入って、現在、本社営業第一課長をしております。

卒業のときの担任は、ガンジーのニックネームで有名なあの細木原先生で、考えてみると、生きたカエルを先生の机の引き出しの中に入れておいたり、授業の始まる前、黒板に先生の似顔絵をかきつけておいて素知らぬ顔をしたり、私もずいぶんいたずらをしたものです。

もし細木原先生がこの会に顔を出されるようなことがあったら、あのころのことを手をついてあやまるつもりでおりましたが、先ほどの幹事の方のお話では、今年の正月、胃癌でなくなられましたとかで、胸がいっぱいになります。

先ほども同級生の石谷君とも、
「お互いに年をとったなあ」
と話をしたものですが、考えてみますと、私の長男がすでに中学1年生になっているのですから、年をとるのも当然かもしれません。

この子のほかに、家族として、妻と小学4年生の娘がおります。

大人になった自分ですが、このひと時は息子と同じ中学生に戻った気持ちで楽しみたいと思っています。

子どもたちの挨拶について

入学式や卒業式、年度替わりのクラス替え後の自己紹介など、子どもであっても挨拶は意外に多くあります。

なかでも入学後に新しいクラスで行う挨拶は、その後の友人関係を築くきっかけになることもある大切なものです。挨拶をすることで、周囲に少しでも良い印象を持ってもらえるように気を配りましょう。

小学生の場合は長い挨拶をすることは難しいかもしれませんが、クラスメートに対してポジティブな印象を与えるためにも、まずは大きな声ではっきりと話すことを心がけたいものです。

中学生、高校生、大学生と成長するにつれて、自分の個性を反映させた挨拶を心がけることが大切となります。自己紹介で長い挨拶は嫌われますから、簡潔に、なおかつ自分の個性がわかる挨拶を心がけましょう。

小学生

難しい内容を盛り込むことは難しいと思われますので、自分の名前と好きなこと・好きなものを盛り込めば十分です。内容よりも、元気な声で明るくハキハキと話すことに気を配りましょう。

中学生・高校生

自分の名前と趣味などを盛り込むことはもちろんですが、趣味にしていることを好きになった理由や、どれくらいハマっているかなども内容に加えましょう。それがきっかけで、同じ趣味を持つ友だちができるかもしれません。クラブ活動なども含めて、同じ趣味を通じて知り合った友だちは一生の宝物になります。そのきっかけ作りにもなりますので、挨拶の内容にも気を配りましょう。

大学生

民法の改正により、2022年４月から日本では成年年齢が18歳となりました。そのため、大学に通う学生たちは全員が大人となっています。大人同士が挨拶する場面では、名前や趣味だけでなく、自分の個性をアピールできる内容を心がけましょう。小学校～高校に比べて大学は、日本全国から人が集まってきている場合も少なくありません。同世代とはいえ出身もバラバラな人たちに自分の人となりを伝えることは、その後の人間関係においても重要な要素となりうるポイントです。

小学校入学での自己紹介 1

つかみ

自己紹介

❶私は、飯島美樹です。

★つけたし
私の長所は、明るくていつも元気なところです。少しあきっぽいところがあって、よくお母さんに注意されています。

展開

趣味の紹介

❷私はサッカーも大好きです。お兄ちゃんがいるのですが、よく一緒にテレビでサッカーの試合を見るので、私もサッカーが好きになりました。

結び

挨拶

❸学校では友だちをたくさん作って、一緒にサッカーをしたいです。

みなさん、仲良くしてください。よろしくお願いします。

自己紹介

❶まず、自分の名前を伝えます。元気よく大きな声で言うようにしましょう。

趣味の紹介

❷自分の好きなことや興味のあることを発表します。好きになったきっかけや理由も盛り込みます。

今後の抱負

❸今後、学校でやりたいことをアピールしましょう。友だち作りのきっかけになるかもしれません。

★つけたし
まわりの人たちからは、「みっちゃん」と呼ばれています。

立場別表現別　言い換え用語サンプル

●長所⇨特技／得意なこと／得意な学科／自信のあること　●お母さん⇨母　●サッカー⇨野球／映画を見る　●大好きです⇨熱中しています／夢中です／一番楽しいです　●お兄ちゃん⇨兄／姉／兄弟／姉妹

応用文句

① 野球の場合

キャッチボールをして遊んでくれるので

小学校入学での自己紹介 2

つかみ

僕の名前は、浜田大作です。
今年の三月までは、大阪に住んでいました。

展開

漫画を読むのが大好きです。休みの日には、一日で三十冊、読んだこともあります。
お父さんも漫画が好きなので、昔の漫画にもくわしいです。
最近気に入っているのは、こんどアニメになる『○○○○○』という漫画です。

結び

まだまだ知らない漫画がたくさんあると思うので、漫画の好きな人は好きな作品を教えてくれるとうれしいです。
よろしくお願いします。

自分の趣味について、どれくらい好きなのか、どのように取り組んでいるかといったことを、具体的に例をあげて紹介しましょう。

中学・高校の卒業式での答辞

つかみ

校庭の桜の蕾も次第に色づきはじめ、開花を待つ季節となりました。先ほどは校長先生をはじめ、ご来賓のみなさま、在校生のみなさんには、このような素晴らしい卒業式を開催していただき、心より御礼申し上げます。

展開

私たちは今、いよいよ卒業の時を迎えています。

三年間見慣れた校舎も、教室も、校庭の桜の木も、今日は新鮮に映ります。昨日までは早く高校生になりたいと指折り数えていたのに、急になつかしさがこみあげてきて、ちょっぴり寂しいような気がします。

入学してから三年間、勉強に部活動、学校行事を通して、私たちは多くのことを学びました。林間学校、修学旅行、運動会、社会科見学など、数えあげればきりがないほど楽しい思い出がよみがえってきます。

先生方には、授業や部活動を通して私たちを日々指導していただき、感謝の気持ちでいっぱいです。卒業後も、これまでと変わらずご指導をくださいますようお願いいたします。

ご来賓のみなさま、これまで地域の中で私たちを見守っていただき、

入学してからこれまでの三年間を振り返り、行事などのエピソードも交えて学校生活の思い出と感謝を伝えます。挨拶の中でも、いちばんボリュームの大きい部分となります。

ありがとうございました。

在校生のみなさんにも、この学校で共に過ごすことができたことに感謝しています。これからもみなさんの力で、〇〇中学を一層盛り立てていってください。

いつも寄り添い、見守ってくれている家族にも感謝します。この三年間、何かと心配させ、迷惑をかけてきましたが、今日まで育ててくれて本当にありがとうございました。

結び

今日、私たちはこの学校を卒業して、新しい道を歩み始めます。

正直、不安と希望の入り混じった気持ちでいっぱいですが、中学校生活の三年間で学んだことを忘れずに、高校生になっても元気で明るく、勉強に運動にがんばります。

最後になりましたが、卒業生を代表して、改めて感謝の言葉を申し上げ、答辞とさせていただきます。本当にありがとうございました。


挨拶の最後は、これから始まる新生活への期待や喜びを伝え、意欲や決意を表明しましょう。またここで改めて先生方や在校生、関係者へのお礼を伝えて締めの言葉にします。

大学サークルの新人歓迎会での自己紹介

つかみ

経済学部1年の渡辺亮太です。千葉県の市川西高校出身で、高校時代はパソコン部に所属してプログラミングを学んでいました。

展開

趣味は映画鑑賞とラーメンの食べ歩きです。
映画は、特にアクション映画が好きで、ドウェイン・ジョンソンの主演映画はすべて網羅しています。
ラーメンについては、都内近郊はもちろん、週末を使って関東一帯の人気店にも遠征しています。お好きな方がいれば、情報交換をお願いできるとうれしいです。

結び

高校時代は文系の生活だったので、大学では体を動かしたいと思ってこのサークルに参加させていただきました。テニスは高校の授業で少しやった程度なので、いろいろ教えていただければありがたいです。
何卒よろしくお願いいたします。

趣味が合うと、年齢に関係なく親しく慣れることが多いので、自己紹介では自分の趣味を盛り込むのは大事なポイントです。好きなミュージシャンを挙げてみるのもいいでしょう。

第4章

会社関係での挨拶

新入社員配属時の挨拶について

企業に入社して配属が決まった際には、部署の先輩方に対して挨拶をすることになります。

この挨拶は、社会人として生活していくうえで非常に重要です。この挨拶は自己紹介も兼ねており、ここで上司や先輩、同僚に良い印象を持ってもらえれば、新しい職場に溶け込みやすくなり、円滑な人間関係を築くことができるでしょう。

配属時の挨拶は、これからお世話になる上司や先輩、一緒に仕事をする同僚に向けたものとなります。出身地や学生時代の経験などといった個人的な事柄を盛り込み、仕事への意欲や今後の抱負などで自分がどんな人間なのかをアピールしましょう。

職場の上司や先輩は、これから一緒に仕事をする新人がどんな人間なのか、興味をもって挨拶を聞いています。ここでネガティブな印象を持たれないように、明るい声で落ち着いて話すことを心がけましょう。緊張して声が小さくなってしまったり、早口になってしまったりしないように注意が必要です。

不必要に長い挨拶にならないようにすることも大切です。ダラダラと長い挨拶は、相手に良い印象を与えません。わかりやすく簡潔にまとめることも大事なポイントになります。

挨拶の際には、表情や姿勢にも気を配りましょう。話している間ずっとうつむいていたり、フラフラ動きながら挨拶をしたりすれば、「暗い」「落ち着きがない」といった印象をもたれてしまいかねません。表情は笑顔で、まっすぐ立って話すことを心がけましょう。できれば職場のメンバー一人ひとりの顔を見ながら話せると、より印象に残りやすくなるでしょう。

配属時の挨拶は、「仕事に対する意欲」「積極性」「謙虚さ」「礼儀正しさ」などをアピールすることがポイントです。簡単な自己紹介とともに、入社を喜ぶ気持ちと、仕事に対する意欲や決意を伝え、会社や先輩に今後の指導をお願いして結びます。明るく元気で、フレッシュな印象を与えられる挨拶をめざしましょう。

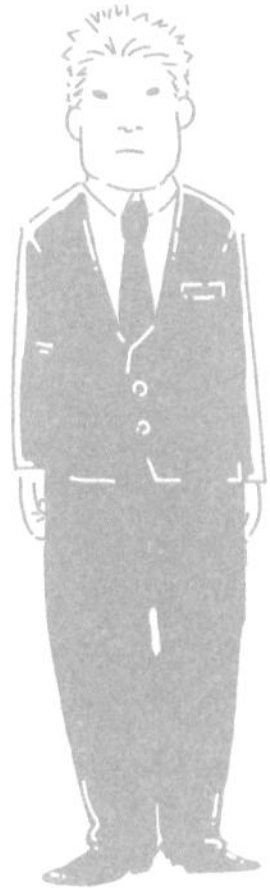

新入社員の挨拶

つかみ

自己紹介

❶このたび配属になりました新入社員の中村浩彦と申します。本日からお世話になります。

★つけたし

この4月に入社してまだまだ分からないことも多い私ですがよろしくお願いいたします。

❷①出身は茨城です。大学までずっと水戸で過ごしましたので、東京に出てきてまず人の多さにビックリしている毎日です。

❸趣味はキャンプで、休日には良く友達と郊外でBBQをしに出かけています。インドア派に見られがちなのですが、アウトドアも大好きで体力には自信がありますので、諸先輩方にはビシビシとご指導いただきたいと考えております。

自己紹介

❶できる限り印象に残るように、自分の名前をはっきり伝えます。

出身

❷同じ出身の上司や先輩社員がいれば、親しみを持ってもらえるかもしれません。

趣味

❸趣味をアピールすることで印象を深め、会話のきっかけを提供します。

展開

今後の目標・抱負

④②大学では英語を専攻して学んでいました。学生時代に学んだことを少しでも活かせるよう努力していきたいと思います。

⑤この会社に入り、国際的なビジネスに携わることが私の夢であり、目標でもあります。その為にもまずは一刻も早く仕事を覚え、会社から安心して仕事を任せてもらえる人間になりたいと思います。

特技

❹仕事でも活かせる特技があれば、忘れずにアピールしましょう。

抱負

❺夢や目標、今後の抱負を語ることで、仕事に対する熱意を伝えます。

結び

指導のお願い

⑥仕事に関してはまだ右も左も分からず、教えていただくことばかりになりますが、早く部署の戦力となれるようしっかりと努力してまいります。一日も早く仕事を覚えて貢献出来るよう頑張りますので、ご指導のほどよろしくお願い申し上げます。

指導のお願い

❻最後に今後の指導をお願いすることで結びます。

※　実際の状況等に合わせて言い換える語句

★つけたし

今日は初日ということで朝から緊張はしていますが、皆さんに温かく迎えていただき少しホッとしています。

立場別表現別　言い換え用語サンプル

●新入社員⇨新入職員／新入店員　●入社⇨入行／入局／入店　●分からないこと⇨不慣れなこと／勉強不足な点　●出身⇨生まれ／育ったのは　●見られがちな⇨思われることも多い／誤解されがちな　●体力⇨健康／丈夫なこと　●諸先輩方⇨皆様／当部署の方々　●ご指導いただきたい⇨ご教授いただきたい／お教えいただきたい／お導きいただきたい　●国際的なビジネスに携わる⇨地域社会に貢献する／地元経済の発展に尽力する／業界を盛り上げていく　●一刻も⇨一日も／できる限り　●仕事を覚え⇨業務に習熟し／経験を積んで／職務に慣れ　●仕事を任せてもらえる⇨業務を担当させてもらえる／戦力として認めてもらえる　●右も左も分からず⇨分からないことばかりで／未熟で／ご迷惑をおかけすることも多く　●部署⇨営業部／当行／工場／当店　●努力して⇨精進して／頑張って／勉強して

応用文句

① 東京出身の場合

東京生まれの東京育ち、チャキチャキの江戸っ子です。
お盆やお正月の帰省ラッシュを経験したことがないのが自慢です。

② 中途採用の場合

前職では広告営業に3年従事しておりました。
これまで培った営業力と企画力を活かして、部署の業績に
少しでも貢献できるように努力していきたいと思っております。

新入社員配属時の歓迎の挨拶

つかみ

中村君、渡辺さん、改めまして入社おめでとうございます。そして、ようこそわが営業部へ。部長の望月です。僭越ながら、ご挨拶させていただきます。

展開

二人は入社してすでに2週間が経ちましたが、少し慣れましたか？

二人の新しいスーツ姿と緊張の面持ちを拝見すると、自分の新入社員時代を思い出します。

当時の私は自分の仕事と将来について、期待と不安で胸がいっぱいになっていました。「仕事」として新しいことに挑戦する気持ちと、仕事の内容がわからず「自分にできるのだろうか？」という不安感で落ち着かない毎日だったことを思い出します。

しかし、安心してください。私の新入社員時代もそうでしたが、わが部署にはそうした悩みや疑問に答えてくれるやさしい先輩方がたくさん

配属された新人に対する歓迎の言葉では、仕事への姿勢や社会人の心得など、伝えたいことを一つに絞って話しましょう。詰め込み過ぎるとどれが大事なことがわかりにくくなりますし、新入社員も覚えていられません。

います。

仕事でわからないことや不安に思うことがあったら、自分一人で思い悩んだり勝手に判断したりせず、上司や先輩たちに相談してください。

二人には今後、わが部の新しい戦力として活躍してもらうつもりです。ですが、最初からすべてをこなせる人がいないことは、私も部のメンバーをよくわかっています。

ですから、わからないことやできないことは、一人で思い悩むのではなく、どんなことでもいいのでドンドン相談してください。

仕事の基本は「ほう・れん・そう」というのは、二人も聞いたことがあると思います。「報告」「連絡」「相談」は、社会人として仕事をするうえで、非常に大切です。

今後はこの「ほう・れん・そう」を忘れずに日々の業務に取り組み、自分にできることを、一つずつ確実に増やしていってほしいと私は思っています。

新入社員を温かく迎え入れ、不安を取り除いて今後の仕事を円滑に進めるための挨拶です。あまり説教がましくならないように注意しましょう。

結び

われわれは同じ職場で働く仲間ですから、仲間同士で協力しながら仕事を進めていきましょう。これからどうぞよろしく。

自信をもって堂々と話すように心がけましょう。不安を抱えた新人に頼りがいのあるところを感じてもらうのも、大切なポイントです。

朝礼でのスピーチ

つかみ

おはようございます。

まだまだ暑い日が続きますが、みなさん体調はいかがでしょうか。

展開

社員の中には、体調が悪くても「無理をして仕事をする」という人がいます。納期や成績など、さまざまな理由があると思いますが、これはあまり褒められた話ではないと私は思います。

たとえば風邪をひいている人が無理に出勤し、仕事の効率が上がらないまま仕事をして、周囲に風邪をうつしてしまっては、なんのために無理をしたのだかわかりません。

そもそも体調管理には、病気やケガを負わない「予防」と、病気になってしまった時の「ケア」の両方の意味があると思います。

体調を崩してしまったら、なるべく早く回復するために仕事を休むことも「体調管理」のうちなのではないでしょうか。

結び

無理をせず、しっかり体調を管理して、今日も一日元気にがんばりましょう。

朝礼は、連絡事項の通達や仕事の意欲向上のために行われます。誰しも一日の最初からダラダラした話は聞かされたくはありませんから、はっきりした声で、明瞭簡潔に話すことを心がけましょう。

会議のまとめの言葉

つかみ

そろそろ時間となりましたので、ここで締めさせていただきます。

長時間ご参加いただき、ありがとうございました。

活発な意見交換ができて、充実した時間になったかと思います。

展開

本日の議案Aにつきましては、各部署から担当者を立てて、3カ月後のスタートをめざして準備を進めることで合意に達しました。各部署とも、さっそく準備に取り掛かっていただきたいと思います。

議案Bにつきましては、現状の問題点が浮き彫りになりました。こちらは継続課題として、次回の会議で改めて検討を重ねたいと思います。

なお本日の討議内容につきましては、議事録にまとめて、明日中にみなさまにメールで送らせていただきます。内容をご確認いただき、誤りがあれば私までご連絡をお願いいたします。

結び

次回の会議は1週間後の同じ時間となりますので、引き続きよろしくお願いします。

本日は、ありがとうございました。


締めの挨拶は、長くならないように注意しましょう。できるだけ簡潔に要点をまとめて総括し、会議のメンバーにはっきりと伝えます。次回の開催予定も忘れずに伝えましょう。

就任式・転任式の挨拶について

会社の役員や幹部社員がかわったり、官公庁の長がかわったりしたときには、それぞれ、新任者が就任の挨拶を行います。

とくに、社長など、企業や団体のトップの就任の際は、披露の式典を開くことが多くあります。就任式は、会社の経営方針をはっきりと示し、社員一同の団結をはかるための重要な場です。社外への披露のための式典は、ホテルなどの会場を借りてパーティー形式で行われることも多いようです。

転任や退職の際には、職場の部下や同僚たちによって送別会が開かれます。

送別会は、転任（退職）する人に対して、これまでの労をねぎらい、お世話になったことを感謝し、新任地での活躍と健康を祈るための会です。異動、退職する本人が挨拶するほか、部下や同僚などが転任者を送る言葉を伝えます。

就任式

就任式では、まず、新任者本人が挨拶を行います。就任式は、仕事に対する抱負や方針に対して理解を得るよい機会です。挨拶では、これから就こうとする仕事の目的や使命感についてはっきりと話します。

もし、未経験の仕事に就任した場合は、それを伝え、自分の今までの経験をこれからどう生かしていくのかという抱負を話します。

新任者が挨拶を行った後、迎える側が歓迎の言葉を伝える場合もあります。就任式での歓迎の挨拶は、その人の人柄や経歴、前任地での評価などを賛辞とともに紹介し、新任地での業績を期待し要望する内容を話します。

転任式(退任式)

転任式の本人の挨拶は、ただ別れを惜しみ、これまでを懐かしむだけでなく、今後の仕事に対する積極的な心がまえを伝えるようにします。

挨拶は、その職場での思い出や印象に残ったエピソードなどを織りこみながら、お世話になった上司や同僚たちへの謝辞を中心にします。

仕事を後任者に引きつぐ場合は、その旨をしっかりと託すことも忘れずにしましょう。

また、自分の希望しない転任の場合でも、けっして不満そうな態度を表してはいけません。

転任者への送る言葉は、別れを惜しむとともに、新任地での今後の活躍を期待するという気持ちを強く表すようにしましょう。

部長就任の挨拶

つかみ

自己紹介

❶このたび、本社営業部の部長をつとめさせていただくことになりました寺田賢治でございます。

★つけたし

❷これまで大阪支社で営業部次長をしておりましたが、本日よりみなさんと一緒に仕事をさせていただくことになりました。

❸本部長に昇進された吉川営業部部長は、指導者として、きわめて卓越した方でありましたが、

❹私も吉川部長を範として、みなさんのご期待にそむかぬよう、精一杯やっていく所存でございます。

自己紹介

❶まず、姓名をはっきりと伝え、印象づけるようにします。

前任地について

❷自分の前任地については、軽くふれる程度にします。

前任者をほめる

❸前任者の功績をほめる言葉を忘れずに入れましょう。

現在の心境と今後への決意

⑤本社での仕事は①新しい取引先の開拓であります。優秀なスタッフさえそろっていれば、仕事がはかどり業績は上がるかといえば、けっしてそんなことはありません。スタッフを動かして取引先を拡大するのも、その指示をするのも人間であり、この、人と人との結びつきがうまくいかなくては、実績につながる仕事はできないのです。

私は、今後努めて、みなさん一人ひとりと話し合い、おたがいの理解を深めながら仕事を進めていくつもりでありますが、みなさんも私には率直に接していただきたい。そして、与えられた仕事を誠実に果たしていっていただきたいと思うのであります。

⑥みなさんはそれぞれに専門の知識をもっています。それは、だれでももっている知識ではなく、みなさんだけがもっている知識なのです。ぜひ、自分に誇りをもって仕事にあたっていただきたいと思います。

抱負

❹謙虚な姿勢で挨拶することが大切です。栄転の場合も、得意そうなそぶりや反感を買うような言動はつつしみましょう。

現在の心境

❺仕事に対する抱負や方針を、はっきりと伝えるようにします。

★つけたし

大役を命ぜられ、身のひきしまる思いです。

私も、おこがましいようですが、②名部長とうたわれた前部長に劣らないような部長になろうとひそかに心に誓っています。あいつはボンクラ部長だといわれるようでは大きな恥だと思うからであります。

結び

協力を願う

⑦みなさんも、どうか、当社の製品は、当たりはずれがないから安心して使えるといわれるように、取引先の信頼を深めていっていただきたいと思います。

思わぬ長話になりましたが、これをもって就任の言葉といたします。

※ 実際の状況等に合わせて言い換える語句

決意

❻へりくだった言葉のなかにも、仕事に対する積極的な姿勢を示すように心がけます。

協力のお願い

❼最後に協力支援を願って結ぶことも大切です。

立場別表現別　言い換え用語サンプル

●本社営業部の部長⇨支店長／本部長／代表取締役を拝命／専務取締役という大役　●大阪支店で営業部次長⇨本社営業課長／○○支店の支店長　●本部長…⇨定年退職された／本社製造部部長に　●指導者としても…⇨私も当工場で指導を受けた大先輩ですが／立派な業績をあげられ／作業の効率化をはかり　●吉川部長を範として⇨経験をいかし／前工場長の方針を踏襲［とうしゅう］し／前任者の基本路線にそって　●精一杯やっていく⇨努力してまいる／業務に邁進する／着実に前進する　●本社⇨企画部／営業部／商品管理の／お客さま相談室　●実績につながる⇨売上を伸ばす／お客さまに満足いただく／コストの低減／業務の拡大　●理解⇨信頼／協力　●率直に⇨遠慮なく／気軽に相談して　●与えられた仕事⇨自分の役割／売上目標／プロジェクト　●専門の知識⇨スキル／知識と才能／仕事への意欲　●名部長とうたわれた⇨すばらしい指導者であった／社内トップの成績をほこる

応用文句

1　かしこまった言い回しの場合

わが社の事業の拡充を担うものであり、
会社の増益に深く関わる部門であります。

2　年齢が若い場合

「まだまだ未熟な若輩者ですが…」などと
年配の従業員にも配慮した言葉を使います。

転任者の謝辞

つかみ

本日は、年度末でお忙しい時期であるにもかかわらず、わざわざ送別会をお開きくださいまして、まことに身にあまる光栄と存じます。

じつは、今回の転任は急な話でございまして、これまで公私にわたっていろいろとお世話になったみなさまへも、お一人お一人にご挨拶にうかがう事もできず、どのようにおわびしようかと案じておりましたところ、はからずもこの席にお招きいただきましたので、厚かましいとは存じながら、この席をお借りいたしまして、みなさまへお礼を申し述べさせていただきます。

展開

私が当地へ赴任してまいりましたときは、社外はもとより、支社内にも顔見知りの方は一人もおられず、はなはだ心細い思いをいたしましたが、さいわいに、支店長はじめ先輩社員のみなさまの温かいお導きによりまして、大きな問題もなく過ごすことができまして、まことにありがたく存じております。

送られる側の謝辞は、素直に別離の悲しさを伝え、上司や同僚たちにお世話になってことへの感謝の気持ちを中心に話を進めるようにします。新任地での仕事に対する積極的な心がまえも含めた挨拶にするとよいでしょう。

結び

当地での仕事にも慣れ、みなさまにもご親切にしていただきまして、これほど働きよいところはない、住み心地のよいところもないと思うようになりました矢先に、この土地を去って、東京の本社へまいりますことは、なんとも名残惜しく、やるせない気もいたします。

しかし、よく考えてみますと、M支店と東京本社と申しましても、同じ会社のことでございますし、いつかまた、みなさまにお目にかかれるものと思い直しまして、「ひとまずのお別れ」と申しあげたいと存じます。

みなさまにおかれましては、今後とも、ご自愛のうえ社業の発展にお尽くしくださいますように、そして、みなさまのご家運もいよいよ栄えますようにお祈りいたします。

はなはだまとまりのない挨拶で恐縮でございますが、今後いっそう勉強を重ねまして、再びお目にかかる機会がございましたときには、みなさまから、「見直した」と言われるようになりたいものだとの志のあることを申しあげまして、お別れのご挨拶といたします。

転任によって、今までの人間関係が切れるのではなく、新たに始まるのだという積極的な意識をもってのぞみたいものです。

転任式での部下の送辞

つかみ

　このたび田中支店長には、本社の業務部長としてご栄転なさることになりました。
　これまで、支店長をよき指導者と仰いでまいりました私どもといたしましては、まことにお名残惜しい気がいたしますが、支店長にとりましては、ご栄転でございますので、たってご留意をお願いいたすこともできません。ご栄転おめでとうございますと、心からお祝い申しあげるものでございます。

展開

　田中支店長が、当支店にご着任以来、当支店における業績はめざましく発展いたしました。昨年度の実績を三年前と比べてみますと、契約件数においては二・七倍、売上高においては、じつに三・八倍となっており、本年度においては、まだ正確な数字は出ておりませんが、契約件数において三・五倍、売上高においては四・五倍を超すのではないかとみられているのであります。

上司や同僚が転任になる場合、職場の部下や同僚たちが送別会を開くことが多いようです。挨拶にはとくにまごころをこめて、励ましの言葉を本人におくります。

結び

この驚異的な発展は、一に、今日まで私どもが支店長として仰いでまいりました、田中新業務部長の優れたご指導のたまものでありまして、このたびのご栄転はその優秀な業績が認められた結果と、心よりお喜び申しあげます。

私どもは、ここに、支店長の卓越した指導力、そして企画力に深い敬意を表しますとともに、今後は本社業務部長としてその手腕を存分に発揮なさいまして、社業の発展にお尽くしくださいますよう、お祈りいたすものでございます。

また、この機会に、過去三年間、私どもにお示しくださいましたご指導に対して、心からの感謝の意を表させていただきます。私どもはこの三年間に支店長が身をもってお示しくださいました「為せば成る」の精神、「できないのはやらないからだ」というご教訓を忘れず、今後いっそうの努力をつづけることをお誓いいたします。

終わりに、田中新業務部長のご健康とご家運のご発展をお祈りいたしまして、私の挨拶を終わらせていただきます。

送る側は「ご栄転」という言葉を使い、別れを惜しむとともに、新任地でのこれからの活躍を期待するという気持ちを強く表すことが必要です。いたずらに感傷にひたりすぎないようにしましょう。

表彰式での挨拶について

表彰には、永年勤続者の表彰、優良従業員の表彰、人命救助や社会事業などの功労者に対する表彰など、いろいろなものがあります。そのうち、私たちが経験する可能性がもっとも高いのは、永年勤続者や優良従業員の表彰、功労者の表彰などでしょう。

表彰式や授賞式、受賞祝賀会などでの挨拶は、主催者、来賓の祝辞、本人の謝辞などです。

永年勤続者や優良従業員の表彰は、表彰する側が雇用主か上司という場合が多いのですが、そのような場合でも、「ほめてやる」といった尊大な態度はぜったいに避けるべきです。

永年勤続者の場合はその精勤ぶりをたたえ、功績のある社員の場合はその功績をたたえて、情味のある、あたたかい言葉を贈るようにしましょう。

主催者は表彰や受賞の理由を具体的に伝え、その業績を称賛します。さらに、その表彰や賞の社会的な意味や、貴重であることを強調するようにします。

受賞者は、受賞の喜びを謙虚にうけとめ、けっして優越的な態度をとらないようにします。

表彰式

表彰とは、善行や功労などを広く「ほめ」「あらわす」ということです。

職場での表彰には、永年勤続者の表彰、優良従業員や功労者の表彰などがあります。

表彰式では、まず、表彰する側が式辞を行い、つづいて表彰される側が謝辞を伝えるのが一般的ですが、この間に来賓の祝辞が入る場合もあります。

表彰される人が複数の場合は、代表者がお礼の言葉を伝えます。

職場での表彰式の場合は、多くの場合、表彰の言葉を伝えるのは社長や上司になります。

永年勤続者の場合はその精励ぶりを、功労者の場合はその功績をたたえて、人情味のある、温かい言葉を贈るようにします。

祝勝会

会社によっては、野球部などの運動部があり、対抗試合を行ったり大会に出場したりすることがあります。

大会などで優勝すると、職場をあげてその勝利を祝い、宴席を設けて選手たちの労をねぎらう祝勝会が開かれます。

祝勝会では、職場の代表が一言祝辞を伝え、選手代表が謝辞を伝えるのが一般的です。

勤続社員表彰式の祝辞

つかみ

感謝とねぎらい

❶本日ここに、二十五年勤続社員の表彰式を行ないます。今年は○○名という、これまでにない多数の方々が表彰を受けられ、私どもといたしましても、ひとしお感激が深いです。

★つけたし

❷一口に二十五年と申しますが、これは人生の四分の一に相当します。その年月を一つの会社にささげて、ひたすら社運の隆盛発展に尽くすということは、並大抵のことではありません。今日、わが社が業界内に不動の地位を占めておりますのも、その全情熱をそそいで社業に尽くしてこられた、みなさんに負うところがきわめて大きいのでこれを思えば、ただただ感謝の念にたえません。

展開

❸みなさんが、二十五年もの長い間、終始一貫わが社に勤め

喜び
❶表彰される人たちの勤続年数と人数を伝えます。人数が少ない場合は、一人ひとりの名前を紹介します。

感謝
❷勤続社員に、ねぎらいと感謝の言葉をかけます。

ねぎらい
❸勤続者個人へのねぎらいだけではなく、表彰式に参列している他の社員への影響も考えた挨拶をします。挨拶の中に、会社の考え方や社員に望むことなどをさりげなく織りこみます。

つづけることができたのは、一つにはみなさんが誠実勤勉で、環境に左右されない強い意志をもっていたからではないでしょうか。

当時のエピソード

④会社の歴史をみましても、この二十五年間には、経済界の不況のあおりを受けて苦境におちいったときが一度ならずありました。誠実さと強い意志をおもちのみなさんが頑張ってくれたからこそ、苦しい時期を乗りこえることができたのです。

⑤二つめは、みなさんが健康に恵まれていたことであります。健康でなくては、いかに、その仕事が好きでも、また、その会社の社風が好きでも、二十五年間も勤めることはできません。そしてもう一つ、ご家族の方々のご協力があったということも忘れてはならないと思います。いかに本人は健康で、誠実勤勉でも、ご家族の方々のご理解やご協力がなければ、二十五年間も勤続するということはなかなかできるものではありません。この点、ご家族のみなさまに対しても、心より感謝申しあげます。

⑥①これらの要素に、勤続社員のみなさんの仕事そのもの

エピソード

❹会社の歴史や当時の苦労話をふりかえりながら、勤続社員の功績をたたえます。具体的なエピソードや、人数が少ない場合は一人ひとりの功績を紹介してもよいでしょう。

家族への感謝

❺長く勤められたのは家族の協力があったからこそです。社員を支えた家族への感謝の言葉を忘れないようにしましょう。

★つけたし

それぞれに部署は違えど、二十五年という長い間、会社のために力を尽くしてくださいました。

に対する愛情がとけあい、この二十五年にもおよぶ永年の勤続が実現されたのだと思います。

このことは、たんに勤続されたみなさんの名誉であるばかりでなく、わが社にとっても、大きな誇りです。

結び

尽力を願う

❼本日、全社員参列のもとに、みなさんのご功績を表彰し、記念品を贈呈して、長年のご苦労に感謝申しあげたいと思います。みなさん、ますます健康に留意されつつ、社業の発展に力を尽くしていただきたいと心より願います。

※　　　　実際の状況等に合わせて言い換える語句

称賛

❻個人としてではなく、企業や団体を代表した立場から感謝の意を表します。

協力と活躍を願う

❼今後の協力を願い、また活躍を祈って、結びの言葉とします。

立場別表現別　言い換え用語サンプル

●二十五年⇨十年／二十年　●感激が深い⇨心より感謝／わが社にとって喜ばしい　●人生の四分の一に相当…⇨四半世紀／けっして短い年月ではありません　●隆盛発展⇨拡大／繁栄　●並大抵の…⇨容易なこととはいえない／いろいろなご苦労を経験／それぞれに歴史を刻まれ　●不動の地位⇨めざましい発展／一、二を争うほど／大きな成長　●社業⇨生産力アップ／会社の発展　●終始一貫⇨たゆまず／変わらず／無事故で　●誠実勤勉⇨研究熱心／努力をつづけ／まごころをもって　●強い意志⇨仕事に対する愛情／行動力　●経済界の不況⇨災害／激しい競争　●苦境⇨閉鎖の危機／資金繰りに困る　●苦しい時期を乗りこえる⇨いっそうの発展／新製品の開発／業務を拡大する　●会社の社風⇨職場の仲間　●ご理解、ご協力⇨ご支援／支え／家庭が円満　●全社員参列のもと⇨創立記念式典において／来賓のみなさまのご参列のもと　●記念品⇨表彰状／金一封　●社業の発展⇨後進の指導／業務／会社の成長

応用文句

1 感謝の気持ちを表す場合

この二十五年の間、みなさんそれぞれが大変なご苦労をされてきたものと思います。みなさんのおかげでわが社の今日があると心より感謝いたしております。

勤続社員表彰式の謝辞

つかみ

本日は、私ども○○名の勤続二十五年につきまして、このように盛大な表彰式を催していただき、社長から身にあまるおほめのお言葉をいただきましたうえに、けっこうな記念品までちょうだいいたしまして、まことに光栄に存じます。一同を代表しまして、厚く御礼を申しあげます。

また、ただいまは、従業員代表の方からも、ご丁重なお言葉をいただきまして、これまたまことに恐縮に存じます。

展開

先ほどの社長のお言葉にもありましたように、二十五年という歳月は、ふり返ってみますと、なかなか長い年月です。その二十五年の間に、おまえはなにをしてきたのかと聞かれますと、自慢できるほどの仕事もしておらず、まことに恥ずかしいかぎりですが、とにもかくにも、その二十五年という長い間、未熟な私どもが大きな問題もなく勤めさせていただき、本日のこの光栄に浴することができましたのは、社長をはじめ諸先輩および同僚各位のご支援によるものです。ここに厚く御礼を申しあげます。

表彰を受ける側としての挨拶は、一同の代表であることを意識し、ゆっくりと落ちついて謝辞を伝えます。長年勤務してこれたことへの謝辞とともに、ただ時間を長くすごしたたけではないことを話します。

結び

私どもが当社に入社いたしましてから今日までの間に、社会はずいぶん様変わりをしました。こうして過ぎ去った二十五年間をふり返ってみますと、数多くの感慨が胸にわき起こってきます。

今日のこの機会に、さらに決意を新たにし、社業発展のため、ひいては業界の発展のために、よりいっそうの努力をつづけることを誓って、お礼の言葉に代えさせていただきたいと思います。みなさまにおかれましても、今後ともよろしくご指導、ご鞭撻をたまわりますようお願い申しあげます。

わが社のますますの発展と、社長はじめみなさま方のご健康を心からお祈りいたしまして、一同を代表してのお礼のご挨拶とさせていただきます。

これまで勤務してきた期間を会社に対する思いとともに振りかえり、これからの決意を話すようにします。祝辞の中からの内容をとり入れた挨拶にすると、より感謝の気持ちが伝わるでしょう。

定年退職者の挨拶

つかみ

本日、定年退職することにあたって、ひとことお別れの言葉を申しあげたいと存じます。

展開

ただ今、みなさまよりありがたいお言葉を賜りまして、心からお礼を申しあげます。

今日の日を迎えまして、入社以来のいろいろな思い出を追いますと、誠に万感胸に迫るものを禁じ得ません。私がとにもかくにも今日まで勤めてこられたのは、歴代の社長をはじめ先輩、同僚各位の温かいご指導、ご支援があったればこそと、深く感謝しております。

結び

私は定年退職いたしましたのちも、安閑と過ごすつもりはありません。健康で体が動く限りは働き続け、社会のために少しでもお役に立てるように老骨を捧げたいと考えております。

今後もみなさまにはご指導ご鞭撻いただきますよう、切にお願い申しあげます。

長年お世話になった上司や同僚への感謝の言葉を話します。在職中の思い出に残るエピソードなどを添えるのも良いでしょう。定年退職後の抱負などを伝えて締めの言葉とします。

懇親会・イベントでの挨拶について

顧客を招待しての懇親会や、社員慰労会、同業会などは、お互いの親睦をはかるために開かれる会です。

また、年末年始には、職場での忘年会や新年会が開かれます。会社、商店などで、社員同士の相互理解と親睦をはかる目的で、慰労会が開かれることもあります。

懇親会などは、ホテルやレストランを会場とする場合が多いですが、規模が大きいものになると、旅行をかねて温泉などの観光地で開かれることもあります。

親睦を深めることが目的の会ですが、顧客の招待会などでは、主催者側にとってはビジネスの一つでもあるので、参会者への礼儀を忘れずに会の運営進行にあたります。

招待された側も、会社や商店を代表して出席する場合が多いので、かりに無礼講といわれても礼儀を失うことはつつしまなければいけません。

懇親会

顧客や取引先を招いて、日ごろの恩顧に報い、さらに提携を深めるために、懇親会や観劇会、招待旅行などを行うことがあります。

このような会では、主催者側と招かれた側の代表が、それぞれ挨拶を行うのが一般的です。

主催者側の挨拶は、会社のPRや新製品の発表なども目的の一つになるため、どうしても長くなりがちですが、いたずらに業績を誇示するようなことは避け、楽しい雰囲気をつくるようにすることが大切です。

忘年会　新年会

忘年会や新年会では、何よりもお互いの親睦のための催しであることを念頭におき、それぞれの会の目的にそった、反省あるいは将来への希望などを語るようにします。

親睦が目的ですから、訓示や説教がましい口調、押しつけるような態度は禁物です。くだけたうちにも明るくひきしまった挨拶をするように心がけましょう。

ただし、あくまでも会社の集まりであるということを忘れず、節度をもって楽しむことが重要です。

とくに新年会は、年頭の集まりですから、やや改まった口調の挨拶がふさわしいでしょう。

忘年会開宴の挨拶

つかみ

それでは、支度もどうやら整ったようでございますので、幹事から一言ご挨拶を申しあげます。

展開

お互いにいろいろなことがあったこの一年も、まさに去ろうとしております。

今年一年をふり返ってみますと、私などは、悔いの多い年でありましたが「失敗は成功のもと」といいますから、この一年の失敗の経験を生かして、来年こそは、実りの多い年にしたいと考えています。

私などとは反対に、今年を実りの多い年であったというみなさんは、この一年の成功の経験をもとに、来年はさらに大きな実りの年にしようと考えておられることでしょう。

忘年会とは、このように、この一年が成功の年であった人も、失敗の年であった人も、ともにこの一年の経験を生かして、来年はお互いみんながよい年にしようではないかと励ましあい、英気を養いあう会ではないかと思います。

忘年会に幹事はつきものですが、幹事の長話は禁物です。短い中にも要点を入れて、会の性格に合った挨拶をしましょう。ほのぼのとして、年を忘れられる会にしたいものです。

結び

今日は、大いに楽しい会にしたいと存じます。大いに飲み、大いに談じ、また、かくし芸なども大いに披露していただいて、ひとつ、今夜は愉快にやりましょう。

忘年会の挨拶

つかみ

ただいまご指名をいただいて、じつは少々面食らっております。

と申しますのは、幹事の大村君から忘年会のお誘いをいただき、喜んで出席を決めたものの、まさか、その席上で挨拶をさせられるとは、思ってもみませんでしたので、なんの用意もしておりません。もっとも用意してきたところで、さほど気のきいたお話ができるはずもございませんが……。

ともかく、せっかくのご指名でございますので、本日、この会場へまいります途中で考えるともなく考えていたことをお話ししてみたいと思います。

展開

それは、

「忘年会というのは、いままさに過ぎて行こうとしているこの一年を忘れようとするための会なのだろうか、それとも、一年ごとに老いていく自分の年を忘れようという目的で開く会なのだろうか」

ということであります。

考えた結果、私の得た結論は、どうも両方らしいということです。

年末に行う忘年会の挨拶は、一年をふりかえり、新しい年に備えたいという主旨がポイントです。若い社員にもわかりやすいように、親しみのある口調のなかにも、スジの通った話をするように努めます。

たとえば、この一年間に、面白くないことが多かった人たちは、気の合ったもの同士で楽しく酒でも飲んで、この一年のことはきれいさっぱり忘れ、新しい年に出直そう、という気持ちになると思います。そのような人たちにとって忘年会は、まさに過ぎようとしているこの年を忘れるための会です。

でも、この一年間に楽しいことや幸福なことの多かった人たちは、この年を忘れようとは思わないでしょう。それどころか、記念すべき年として、生涯忘れまいと誓っている人もいるかもしれません。

では、そのような人たちは、どのような気持ちで忘年会をやるのかといえば、ほんとうは年末祝賀会とでも名づけたいところだが、それでは、失意の一年を送った人たちに申し訳ないという、温かい思いやりからにちがいありません。

みなさんが今夜この忘年会をお開きになったのも恐らくそういうお気持からではないかと思いますが、いかがでしょうか。

また、私のように、髪に白いものの目立ちはじめた者は、自分の年はあまり考えたくないものです。それどころか、できるだけ忘れようとする傾向があります。そういう年輩の者にとっては、忘年会とは自分の年を忘れるための会だということになります。

もっとも、みなさんのように若い方々は、自分の年を忘れようなどと

一年の総決算ということで楽しい雰囲気を作るように心がけ、堅苦しい挨拶にならないように。業績の回顧や反省を話す場合もごく簡単にしたほうがよいでしょう。

いう考えを起こされるはずもありません。

職場には、さまざまな年齢、部署、立場の人がいます。しかし、今夜はお互いの年齢のちがいも立場のちがいも忘れて、無礼講でいこうじゃないか――そういう気持ちではなかろうかと思われます。

結び

要するに今夜の忘年会は、みなさんにとって良いことの多かった今年一年の幸運を祝いあうとともに、来年もまた、より大きい幸福をつかむために、お互いに協力してがんばろうじゃないかと励ましあう会であり、無礼講で楽しみあう会であろうかと存じます。

私も、今夜は、みなさんの幸福と若さにあやかるために、自分の年を忘れて、大いに飲ませていただくつもりでおります。

とりとめのない話で恐縮ですが、これをもって、私の挨拶といたします。

同業者懇親会での幹事の挨拶

つかみ

みなさま、お忙しいところをお出かけくださいまして、お礼申し上げます。今夕は例年通り、久方ぶりに懇親会を催しましたところ、こんなに多数のご出席を得まして、幹事として喜びにたえません。

展開

懇親会は年に四回開かれることになっておりますが、回を重ねること十二回、早いもので足かけ三年目を迎えることになりました。この間にメンバーも順調に増え、業者間の交流も深まっていると思います。この懇親会が、みなさまのビジネスに少しでも役立っているようでしたら、幹事としてこれ以上の喜びはありません。

今回が初めてのご参加という方もいらっしゃるようですので、簡単にご説明しますと、この会のそもそもの成り立ちは、販売競争が激化の一途をたどっている昨今において、同業者が力を合わせて業界を盛り立て、共に厳しいビジネスの荒波に立ち向かおうという決意からでございました。それ以来、こうして定期的に集まり、知恵と情報を持ち寄る場としてこの懇親会を続けてまいりました。

つきましては、本日もお集まりいただいたみなさまでよりいっそう親

懇親会は、共通の目的をもった人たちの集まりです。ある程度リラックスしたムードを演出して、参加者が同士が和やかに会話が楽しめる雰囲気を醸し出すように気を配ることがポイントです。

結び

睦を深め、自由に意見と情報を交換していただきたいと思います。

ではみなさま、どうか最後まで歓を尽くしてください。これをもちまして幹事の挨拶とさせていただきます。

同業者間の交流を深めるとともに、新しく参加したメンバーを会のムードに上手に引き込むようなスピーチを心がけましょう。会全体のことを気づかう気持ちが大切です。

第5章

弔事・法要の挨拶

通夜での挨拶について

通夜は死去の夜または翌晩に行われ、僧侶の読経のあと列席者一同が焼香し、時間に余裕のある人はしばらく遺体をまもります。

故人と親しかった人はできるだけ参列するようにしますが、交友関係のとくに深くなかった人は、原則として告別式に参列するだけで、礼儀は十分尽くしたことになります。

通夜に参列する時の服装は礼服でなくてもかまいませんが、ダークスーツで赤や光沢のあるネクタイは避けるようにします。仕事帰りにそのまま参列する場合など、アクセサリー類を外すことを忘れないようにしましょう。

弔問客

お悔やみの挨拶①

このたびはまことにご愁傷さまでございます。さぞ、お力落としのことでございましょう。

(香典を差し出しながら)形ばかりでございますが、どうぞ御霊前へお供えくださいますよう。

お悔やみは、控え目な低い声で簡潔にします。
下をむいてもぞもぞと話すことのないようにしましょう。

お悔やみの挨拶②

このたびは突然のことで、大変お気の毒でございました。※

さぞお力落としのことと存じますが、お子さまたちのためにも、どうか気を強くおもちくださいますように。

手助けできることがある場合は、その旨を伝えましょう。

※病気で亡くなった場合

ご看護のかいもなくご他界なさいましたそうで、まことにご愁傷さまに存じます。

遺族

お悔やみをうける挨拶

お忙しいところをお悔やみくださいまして恐れ入ります。

故人が生前には、大変お世話さまになりまして、代わりましてお礼を申しあげます。

(香典や供物を差し出されたら) ご心配をいただきまして、どうも恐れ入ります。霊前へ供えさせていただきます。

香典や供物を受けとる時は、「ありがとうございます」より「恐れ入ります」が適切です。

喪主

通夜の挨拶

本夕は、お忙しいところをお越しくださいまして、まことに恐れ入ります。

故人もさだめし、皆さまのご厚情を感謝いたしておることと存じます。

つきましては供養のために、心ばかりのものを用意いたしましたから、どうぞ召しあがってくださいませ。

挨拶のなかで、可能であれば告別式の日程についてふれておくとよいでしょう。

告別式での弔辞について

通夜がすむと、一般的にはその翌日、葬儀と告別式が行われます。葬儀は近親者や親しい友人、知人で営まれ、続いて会葬者が故人に別れを告げる、告別式が営まれます。

葬儀と告別式を一緒に行う場合や、葬儀は密葬で行い、告別式やお別れの会を別の日に行う場合もあります。

弔辞とは、故人への最後の別れの言葉です。故人の思い出と遺族へのお悔やみを語り、同時に生前の業績や故人の人柄などを参列者に伝える目的もあります。

弔辞は普通の挨拶とことなり、あらかじめ書いた文章を読み上げるのが形式です。まず草稿を作り、それを奉書または巻紙に書いて持参します。

読み終わった弔辞は霊前にそなえて下がり、最終的には遺族のもとで保存されます。薄墨の毛筆で、丁寧に書くようにします。万年筆やマジックなどで書くのは正式でなく、相手に失礼にあたりますから、絶対にいけません。

弔辞を読むときには、司会者の指名によって棺前に進み、一礼したのちに懐中から取り出して読み上げ、読み終わったらふたたび包紙に包んで霊前にそなえ、深く一礼し、喪主に目礼して席にもどります。社葬などの場合は、規模も大きく、弔辞を述べる人の数も多いので、司会者の指名によって順次行っていくようにします。

忌み言葉

「天寿をまっとうする」「大往生をとげる」などという表現もありますから、死を否定的にとらえすぎる必要はありませんが、弔辞を読むにあたっては凶事として扱うことに変わりはありません。

弔辞や、弔事での挨拶では、凶事は重なってほしくない、ということから、いわゆる「重ね言葉」は忌み言葉とされています。
弔辞の文章に入れたり、挨拶のなかで口にすることは避けた方がよいでしょう。

- またまた
- かつまた
- 繰り返す
- 重ねがさね
- ふたたび
- 再々
- 再三　…など

友人への弔辞 1

つかみ

はじめの言葉

①田中正義君。私たちが最後に会ったのは、先々週の火曜日でしたね。

「今度の同窓会は、僕たちが社会人となって最初の同窓会だから、できるだけ楽しいものにしよう」

という君に、私たちは世話役を一任して別れました。

ところが、それから二週間を経ずして、❶君の突然の訃報を受けるとは、なんという悲しい運命なのでしょうか。

故人との関係

❶故人と自分の関係を、自分を知らない参列者にもわかるように伝えます。

展開

本人のエピソード

②君はいつも生き生きとして、学業成績は常に優秀、スポーツも万能でした。❷特に大学へ進学してからはボート部の選手として活躍し、全国大会で優勝したこともあります。

君はきわめて誠実で、友情に厚く、友人たちの信頼を一身に集めていましたね。

③ある秋の日、君が友だちと海釣りに出かけたとき、一人の

故人の業績

❷故人の生前の業績や人柄をたたえます。めざましい業績がある場合には、それを具体的に伝えます。

友人が誤って海に落ちました。泳げない彼は、浮いたり沈んだりしながら、どんどん流されていきます。

周りの友人たちが慌てふためくなか、君は少しも慌てず、手早く衣服を脱いで冷たい水の中へ飛びこみ、あやうく溺れかけていた友人を助けあげました。

この友人とは、この私です。

君に救われて一命をとりとめた私が、ここで君に別れの言葉を伝えなくてはならないとは、運命はあまりに非情です。

結び

お悔やみと冥福を祈る言葉

④才能にあふれた君がこれから実社会に出て、大いに活躍するであろうと思っていた矢先に、突然私たちの前からいなくなってしまいました。これはご遺族にとっての不幸であるばかりでなく、われわれにとっても大きな喪失です。今、遺影を前にしても、ただただ悲しく、残念でなりません。
⑤友人一同を代表して、謹んで哀悼の意を表します。
どうか安らかに眠ってください。

※ 実際の状況等に合わせて言い換える語句

故人とのエピソード
❸故人のありし日のエピソードを紹介し、友人ならではの率直な思いを伝えます。

遺族へのお悔やみと励まし
❹故人の遺族に対する同情の意を表しながら、故人の死に対する哀惜の情をこまやかに伝えます。

冥福を祈る
❺結びの言葉につなげます。

立場別表現別　言い換え用語サンプル

●先々週の火曜日⇨つい三日前／ちょうど二カ月前／夏の終わり／今年の正月に帰省した時　●社会人となって最初の⇨大学を卒業して5年の節目の／お盆で帰省したタイミングで開く　●友人たちの信頼を一身に集めていました⇨誰からも好かれる人気者でした／男女を問わず好かれる愛されキャラでした　●少しも慌てず⇨唯ひとり落ち着いて／パニックになることなく冷静で　●別れの言葉を伝えなくてはならない⇨弔辞を読み上げる／お別れしなくてはならない／二度と会えなくなる　●才能にあふれた⇨鋭気に満ちあふれた／常にパワフルな／いつもリーダシップを発揮する　●大いに活躍する⇨実力を遺憾なく発揮する／頭角を現す　●私たちの前からいなくなってしまいました⇨天国へ旅立ってしまいました／一足先に虹の橋を渡ってしまいました／帰らぬ人となってしまいました　●大きな喪失⇨このうえない悲しみ／胸が張り裂けるような思い／胸をえぐられるような衝撃

応用文句

1 長く闘病していた場合

ついに力尽きて天国に旅立ったという連絡を受けるとは、

2 すでに社会に出て活躍していた場合

就職してからは、営業部のホープとして毎月好成績をおさめ、
同期で最初に次長に就任したという話を聞いた時の君の
誇らしげな笑顔が忘れられません。

友人への弔辞 2

前文

妙子さん、突然の訃報に接し、驚きと深い悲しみでいっぱいです。

あなたの病気を知ってから、いつかはこの時が来るものと覚悟はしていましたが、実際に今日のこの時を迎えると、もう二度とあなたと会えないということが、いまだに信じられません。

本文

あなたと初めて出会ったのは中学一年生の時でしたから、もう半世紀近いおつきあいになるのですね。学生時代にはよくお互いの家に泊まって、将来のことやボーイフレンドのことなど、夜の更けるのを忘れ話し合いました。家族からは「いつまで、起きているんだ！」と叱られたことが、まるで昨日のことのようです。

高校卒業後は、私は地元に残り、あなたは東京へと離れ離れとなりましたが、帰省した時には必ず連絡があり、おしゃべりで盛り上がりましたよね。本当に楽しかったです。

その後、お互いに結婚してからも、家族ぐるみでのつきあいが続きま

参列者の中には、自分のことを知らない人もいるので、故人との関係性を紹介します。そのうえで、そんな間柄だからこそ話せる故人の人柄がわかるエピソードを紹介します。

した。「子育てが一段落したら、のんびり旅行に行こう」と約束したあの日のあなたの笑顔を、今でもよく覚えています。

三年前に病気がわかってからも、あなたはいつも私に笑顔を見せてくれました。心配して暗い表情の私に、「元気出しなさいよ。どっちが病人だかわからないわよ」と言っていましたよね。

そんなあなたの笑顔を、もう見ることができないと思うと、悲しくて涙が止まりません。

結び

妙子さん、どうぞ安らかに眠ってください。また天国であなたとおしゃべりできる日まで、お別れです。

今まで、本当にありがとう。

故人のエピソードを紹介する際には、マイナスな印象を与えないように注意します。故人の失敗したエピソードや遺族が不快に思うような内容は、避けなくてはいけません。

遺族の挨拶について

喪主の挨拶は、通常、出棺の際に行いますが、葬儀や告別式の最後に行う場合もあります。
また、通夜や葬儀の合間においても、会葬者の応対の際には、簡単な言葉でお礼を伝えます。

挨拶は、本来、喪主が行うべきものですが、喪主が幼少である場合や、感情が高ぶって平静に挨拶するのが難しいような場合は、遺族の代表が代理となって行います。その場合は、故人の兄弟で、喪主のおじにあたる人や、故人の妻の兄弟であるというような、ごく近い親戚が挨拶をします。

悲しみの中にある遺族にとっては、挨拶をすることもたいへんなものです。
長く話す必要はなく、会葬者への感謝の気持ちを、思いをこめて伝えればよいのです。

法　要

仏式では死後7日ごとに、七七日までの忌日があります。七七日忌（四十九日）の忌明け、その後の百ヵ日がもっとも重要な忌日として法要が営まれます。

神式の場合は、死後10日ごとに霊祭を行いますが、五十日祭、百日祭が重要とされています。

年忌法要は、仏式では一周忌（1年目）、三回忌（2年目）、七回忌、十三回忌、二十三回忌、五十回忌が、神式では一年祭、三年祭、五年祭、十年祭、二十年祭、三十五年祭、四十年祭、五十年祭が、法要や祭事を行う時期になります。

追悼式

年忌法要の機会に、故人を偲ぶ追悼会を開くことがあります。

会社や団体で功績のあった人を偲んで開かれる追悼会は、その人柄や仕事ぶりについて追慕するものです。参列者として挨拶をする場合は、故人の功績や苦労について、故人を直接知らない人にも認識させるような話し方をします。

友人や恩師の追悼会は、故人との親交が深く特別な思いを持つ人たちが発起人となって開催されることが多いようです。

挨拶では、故人が与えた影響や、忘れられない思い出などを語ります。

故人が学問や音楽に造詣が深かった場合、または趣味をもった人である場合は、友人や教え子たちが、故人の作った詩歌や音楽を披露するのもよいでしょう。

告別式での喪主の挨拶

挨拶

会葬へのお礼

❶一言ご挨拶を申しあげます。
私は、故人松原治の長男太郎でございます。

本日は、みなさま、なにかとご多忙のなかを、かくも多数ご会葬くださいまして、まことにありがたく存じます。

そのうえ、ご丁重なるご弔辞をちょうだいいたしまして、故人の霊もさぞかし深く感銘いたしていることと存じます。

展開

感謝

❷①病中は、みなさまから、いろいろと手厚いお見舞いをいただきまして、父も、いま一度再起して、みなさまのご厚意にむくいたいと申しておりましたが、天命はいかんともしがたく、今日、ここに、長い間ご交誼をたまわりましたみなさまとも、永劫のお別れをいたすこととなった次第でございます。

挨拶
❶まず、会葬者に、当日の会葬についての感謝の意を表します。

感謝
❷故人の生前に会葬者たちから受けた親しい交流を感謝します。

結び

交誼へのお願い

❸ここに、故人に代わりまして、生前のご交誼を厚く御礼申しあげますとともに、今後とも、私たち遺族のため、変わりなきご厚情をたまわりますよう、幾重にもお願い申しあげます。

★つけたし

これをもちまして、お礼の言葉といたします。

※ 実際の状況等に合わせて言い換える語句

今後へのお願い

❸今後もひきつづき遺族に対してご厚情をたまわりたいということを願って結びます。

★つけたし

これからは私ども一同、故人の遺志にそうようがんばっていく所存でございます。

立場別表現別　言い換え用語サンプル

●長男⇨弟／妻　●ご多忙のなか⇨お忙しいなか／ご多用中　●かくも多数⇨遠路　●ご弔辞⇨お悔やみ／お言葉　●深く感銘⇨喜んで／深く感謝／ご厚情を感謝　●病中⇨生前　●手厚いお見舞い⇨ひとかたならぬご厚誼／ご厚情　●父⇨母／兄／主人／夫　●変わりなきご厚情⇨故人同様にご交際／変わりなくご指導

応用文句

① 若くして亡くなった場合

○○歳という年齢は短すぎるほどで、せめてあと○年生きていてくれたらという思いでございますが。

通夜での喪主の挨拶

挨拶

本日はご多忙ななか、夫・博の通夜にご足労いただき、誠にありがとうございます。

おかげ様をもちまして、滞りなく通夜をおえることができました。故人もみなさま方にお越しいただき、さぞ喜んでいることと思います。

生前に賜りましたご厚誼・ご厚情に対して、本人に代わり厚くお礼申し上げます。

展開

夫は、四月二十五日深夜、肝臓がんのためこの世を去りました。享年六十五歳でございました。一昨年ごろより入退院を繰り返しておりましたが、最期は眠るように安らかに息を引き取りました。

お医者様からは余命三カ月と言われておりましたが、皆様の励ましのおかげで、初孫の小学校入学の姿を見ることができました。

年齢を考えますと、やはり少し早い旅立ちではありますが、人の出会いに恵まれ、豊かな人生をまっとうしたのではないかと思っております。

喪主の挨拶は、故人の言葉を代弁する場でもあります。生前お世話になったことへの感謝や、参列してくれた方々へのお礼を伝えます。告別式や通夜振る舞いの案内はこのタイミングで行います。

結び

なお、葬儀・告別式は明日十一時より当斎場にてとり行います。ご都合がよろしければ、ご会葬くださいますようお願いいたします。

この後、ささやかではございますが、別室にお食事の用意をさせていただきました。故人の思い出話などをお聞かせいただければと思います。

本日のご列席、誠にありがとうございました。

喪主が話す場面は何度かあるので、内容が被らないように注意しましょう。故人のエピソードを交えると、内容が被りにくくなります。それぞれの挨拶は、簡潔にまとめることを心がけましょう。

出棺の際の挨拶

挨拶

遺族、ならびに親族を代表いたしまして、みなさまにひとことご挨拶を申しあげます。

展開

本日は、故武田晋三の告別式のため、皆さまお忙しいところを、わざわざご会葬くださいまして、まことにありがとうございました。

生前ひとかたならぬご厚誼をいただき、さらにこのようにお見送りくださいまして、さぞかし故人の霊も深く感謝しておることと存じます。

結び

今後、私ども遺族一同に対しましても、亡父生前と変わりなくご指導くださいますようお願い申しあげます。ありがとうございました。

喪主の挨拶は、葬儀への参列に対する感謝と、故人が生前お世話になったことへのお礼を、心をこめて表します。遺族の挨拶は、長く話す必要はありません。故人の略歴やエピソードを、可能な範囲で紹介してもよいでしょう。

忌日法要の挨拶

挨拶

本日は、亡父の七七日忌にあたりますので、心ばかりの法要を営みたいと存じまして、父が生前とくにお世話になりました方々にご出席をお願い申しあげましたところ、ご多忙にもかかわらず、かくも多数の方々においでいただけましたことは、遺族一同の深く感謝いたすところでございます。

ご厚情まことにかたじけなく、厚く御礼を申しあげます。

展開

父は、生前、よく、私どもに、

「事業には、人の和が大切だ」

ということを申しておりましたが、私も、近ごろになりまして、ようやく、その言葉の真理であることがわかってまいりました。

父はその七十余年の生涯を、ただ事業一筋に生きてまいったのでございますが、もしその間、多少でもわが国の産業界のために役立つような働きをしたということがありましたならば、それは、今日ここにお集まりくださいましたみなさま方をはじめ、幾多の先輩や友人、知己の方々

仏事として死後七日ごとに法要を行います。七七日(四十九日)は忌明けともいい、親戚や親しい知人を招いて、法要を営みます。法要を行う当主を施主といいますが、一般的には葬儀の喪主をつとめた人が施主となります。

から、ひとかたならぬお力添えをいただいたたまものに、ほかならないのでございます。ここに、故人に代わりまして、厚く御礼を申しあげます。

私ども遺族一同も、父の遺訓を守り、父の遺してまいりました事業をさらに発展させまして、多少とも、社会に貢献してまいりたいと存じておりますが、それには、やはり、みなさま方の温かいご支援を仰がねばなりません。なにぶんにもまだ未熟な者ばかりでございますから、みなさまの目からごらんになれば歯がゆく思われる点もあろうかと存じますが、どうかご指導くださいまして、末永く、ご厚誼をたまわりますよう、切にお願い申しあげます。

結び

今夕は、せっかくご来訪をいただきましたにもかかわらず、万事に不行き届きでございまして、失礼の点も多々ありましたことと存じますが、なにとぞお許しくださいますようお願いいたします。

ごらんのとおり、粗末なもので恐縮でございますが、故人生前のことなど話を交わされ、ごゆっくりとご歓談の時をお過ごしいただければ、さいわいに存じます。

本日はまことにありがとうございました。

法要の場で、普段集まる機会のない人たちが一同に会うことがあっても、はしゃぐようなことは慎み、故人の回想を話し合う程度にとどめます。遺族の挨拶は、そういったけじめを感じさせるようなものにしましょう。

おわりに

作家であるナポレオン・ヒルが1928年に世に出した『思考は現実化する』という全世界で読まれている名著があります。ナポレオン・ヒルは1908年に新聞記者としてインタビューした鉄鋼王アンドリュー・カーネギーの発案で、彼が見込んだ500人にインタビューし、彼らの成功哲学をまとめたものです。

そして彼の別の著書『巨富を築く13の条件』の中でヒルは、「トップセールスマンのように成功していく人は、声が艶やかで話し方が音楽的だ」ということを書いています。私はこの2冊を読んだときに、「魚住式スピーチメソッド」は間違っていなかったと自信を深めました。

私のメソッドでは、原稿を音楽を奏でるようなイメージで朗読するトレーニングを行っています。

音楽のように話すことで聞き手は話に惹きつけられ、自然に話に耳を傾けてくれるようになります。こうしたポイントが、まさにヒルの文章と符合したのです。

メソッドをもとにトレーニングを受けた人は、口をそろえて「言葉が楽に出てくるようになった」「人前であまり緊張しなくなった」とおっしゃいます。私の目から見ても、トレーニングを受けたみなさんは声がはっきりして、堂々と話せるようになり、自分自身を表現することに怖気づかなくなります。

その結果として過去の受講生の中には、「結婚相手が見つかった」「転職が決まった」「部下の信頼が増した」という人がたくさんいました。自信をもって堂々と自分を表現することができるようになった結果といえるのではないでしょうか。そしてこうした部分は、式辞やスピーチでも必要になってくるポイントです。

ですが、一段階上のスピーチを行うためには、もう一つ必要な力があります。それは〝聞く力〟です。

本来話というものは、自分の意見を一方的にぶつけるのではなく、相手の話を聞き、相手の話を引き出すことも重要なポイントです。相手が自分の話を面白いと思っているのか、退屈していないかといったことがわかるようになってくれば、聞き手の反応を見ながら声のトーンや話すスピードの調整ができるようになります。そして、場をより盛り上げることも可能になるのです。

〝聞く力〟は、日ごろの会議の場でも鍛えることができます。相手から本音を引き出したり、どれくらいまで相手の話を聞いてから自分が話し始めるかといったタイミングを考えたりすることで、十分トレーニングになるのです。

相手の話を聞き、自分を堂々と表現すること。この二つがそろえば、あなたのスピーチがより魅力的なものになること間違いなしです。

魚住りえ

アナウンサー
スピーチ・ボイスデザイナー

監修　魚住りえ

アナウンサー、スピーチ・ボイスデザイナー。
1995年に慶應義塾大学文学部仏文学専攻を卒業し、日本テレビにアナウンサーとして入社。2004年にフリーに転身し、テレビ・ラジオを問わず幅広く活躍している。スピーチ・ボイスデザイナーとしても活躍しており、これまで培ってきたアナウンスメント技術を活かした「魚住式スピーチメソッド」を確立し、話し方を磨くための指導を行っている。主な著書に『たった1日で声まで良くなる話し方の教科書』『たった1分で会話が弾み、印象まで良くなる聞く力の教科書』『話し方が上手くなる！ 声までよくなる！ 1日1分朗読』(東洋経済新報社)、『1秒で心をつかめ。一瞬で人を動かし、100%好かれる声・表情・話し方』(SBクリエイティブ) などがある。

デザイン　荻窪裕司
イラスト　仁平こころ
DTP協力　斉藤英俊
構成・編集　岡崎 亨（さくら編集工房）

式辞・挨拶を初めてやる人の本

2023年11月10日　初版第1版発行

監　修　魚住りえ
発行者　佐藤 秀
発行所　株式会社つちや書店
〒113-0023 東京都文京区向丘1-8-13
電話 03-3816-2071　FAX 03-3816-2072
HP http://tsuchiyashoten.co.jp/
E-mail info@tsuchiyashoten.co.jp
印刷・製本　株式会社暁印刷